AF451972

DÉPARTEMENT DE LA SEINE

SÉRIE DE PRIX

APPLICABLE AUX TRAVAUX

DE PARCS ET JARDINS

ÉTABLIE PAR

LA CHAMBRE SYNDICALE

DES

ARCHITECTES PAYSAGISTES, ENTREPRENEURS DE JARDINS
ET HORTICULTEURS DE FRANCE

PREMIÈRE ÉDITION
1881

PARIS

LIBRAIRIE CENTRALE D'AGRICULTURE ET DE JARDINAGE
62, RUE DES ÉCOLES, 62

Auguste GOIN, Éditeur

AVIS DE LA CHAMBRE SYNDICALE

La Chambre, poursuivant le but qu'elle s'est donné, celui de grouper tous les praticiens de l'art des jardins, et celui de concilier leurs intérêts ainsi que ceux des propriétaires, en assurant par un moyen d'examen et de contrôle facile leur sécurité dès le début d'une entreprise, a mis au nombre de ses travaux l'étude d'une série de prix, la plus complète possible. Elle offre aujourd'hui, aux intéressés, la première édition de ce travail, se promettant de poursuivre le progrès de son œuvre et d'y apporter dans l'avenir toutes les modifications qui lui auront été démontrées nécessaires ;

Pour arriver à ce résultat, elle recevra avec empressement toutes les observations que l'on voudra bien lui adresser.

Le conseil de la chambre syndicale :

A. PÉAN, *président.*

CURÉ,
GUINLE, } *vice-présidents.*

FÉRY, *secrétaire.*

AMY, *secrétaire-adjoint.*

ALLIAUME, *trésorier.*

CHAPUIS, *trésorier-adjoint.*

DEVERNOIS, GUÉNAULT, GEVREY, GOVIN, MOREL, PINART, PLOMB, RENAULT, ROUSSEL, SILLARD,

A. LAVIALLE, *rapporteur de la série.*

N^{os} d'ordre.	NATURE ET QUANTITÉ DES OUVRAGES ET FOURNITURES.	PRIX D'UNITÉ.		NOTES.

CHAPITRE PREMIER

Main-d'œuvre.

OBSERVATION GÉNÉRALE. — Les prix de règlement se composent :

1° Des déboursés ;
2° Des faux frais ;
3° Du bénéfice ;
4° Des intérêts d'avances de fonds.

Prix de l'heure

N°	Nature	Prix fr.	Prix c.
1	**D'un ouvrier terrassier**, piocheur, pelleur et rouleur.	»	60
2	— — régleur et niveleur.	»	65
3	— **jardinier**.	»	70
4	— — premier ouvrier ou chef d'équipe	»	80
5	— — spécial pour la taille des arbres	1	50
6	— **élagueur, échenilleur**.	1	25
7	— **premier cimentier rocailleur**	1	50
8	— **cimentier rocailleur**.	1	25
9	**aide ou servant** cimentier rocailleur .	»	80
10	— **faucheur**.	1	50
11	*Observations.* — L'heure de nuit sera payée le double de l'heure de jour.	»	»
12	— Le temps nécessaire au trajet de l'établissement au chantier sera dû comme heures de travail.	»	»

N^{os} d'ordre.	NATURE ET QUANTITÉ DES OUVRAGES ET FOURNITURES.	PRIX D'UNITÉ.		NOTES.
13	*Observation.* — Le salaire du conducteur de travaux sera traité de gré à gré; dans le cas où le prix n'aurait pas été fixé à l'avance, il ne pourra être inférieur à 15 francs par journée, pour une durée de moins de vingt-cinq jours; ou à 300 francs par mois pour une plus longue durée	»	»	

CHAPITRE II

Locations diverses de Matériel

OBSERVATION GÉNÉRALE. — Les prix de règlement se composent :

1° Du revenu de tous les frais d'acquisition du matériel et de remplacement par suite d'usure ;

2° Du bénéfice ;

3° Des frais d'emmagasinage pendant le temps de non-location ;

4° Des frais d'entretien et de garde pendant le temps de non-location.

Location par journée de 24 heures

N^{os} d'ordre.	NATURE ET QUANTITÉ DES OUVRAGES ET FOURNITURES.	PRIX D'UNITÉ.		NOTES.
14	**Location de brouettes**, la pièce	»	10	
15	— **d'un cheval attelé** à un tombereau ou à une charrette, le conducteur compris.	17	»	
16	— **de deux chevaux**, id., id.	27	»	
17	— **de trois chevaux**, id., id.	36	»	
18	— **d'un cheval harnaché**, mais non attelé, le conducteur compris.	14	50	
19	— **d'un tombereau**.	2	50	
20	— **d'une charrette**.	2	50	

N^os d'ordre.	NATURE ET QUANTITÉ DES OUVRAGES ET FOURNITURES.	PRIX D'UNITÉ.		NOTES.
21	**Location d'une charrette** à bras............	2	»	
22	— **d'une herse**................	1	»	
23	— **d'un cylindre à bras**, à deux hommes...	1	»	
24	— — à bras à quatre hommes...	1	50	
25	— — **à un cheval**.........	4	»	
26	— — **à deux** chevaux........	3	»	
27	— — **à trois** chevaux.......	6	»	
28	— **d'une tonne d'arrosement** à bras.....	2	»	
29	— — — à un cheval..	3	»	
	— **d'une pompe d'épuisement** avec 3 mètres de tuyaux d'aspiration et 3 mètres de tuyaux de refoulement :			
30	n° 1, débitant 4,000 litres à l'heure.....	6	»	
31	n° 2, — 6,000 litres à l'heure.....	10	»	
32	n° 3, — 15,000 litres à l'heure.....	12	»	
	— **de tuyaux** d'aspiration ou de refoulement en plus de 3 mètres :			
33	Pour la pompe n° 1, le mètre linéaire....	»	30	
34	— n° 2, le mètre linéaire...	»	45	
35	— n° 3, le mètre linéaire...	»	60	
36	*Observations.* — Après vingt jours, il sera fait pour les jours suivants une réduction de 25 pour cent sur la location des pompes et tuyaux.	»	»	
37	— Le jour de la sortie et celui de la rentrée des pompes et tuyaux au magasin sont comptés au prix du fonctionnement.	»	»	
38	**Location de chariots** à transplanter les gros arbres, compris leurs agrès :			
	n°s 1, 2, et 3.................	18	»	

N°s d'ordre.	NATURE ET QUANTITÉ DES OUVRAGES ET FOURNITURES.	PRIX D'UNITÉ.		NOTES.
39	**Location de chariots** id. : n°s 4, 5 et 6	16	»	
40	7, 8 et 9	14	»	
41	10, 11 et 12	12	»	
42	13, 14 et 15	10	»	
43	*Observations.* — Les journées de sortie et de rentrée, des chariots, au dépôt sont comprises dans la durée de la location.	»	»	
44	— Les frais de transport du matériel du dépôt au chantier, et de leur retour, sont à la charge du propriétaire pour lequel les travaux sont exécutés.	»	»	
45	— Le matériel loué doit être rendu en bon état de service, les réparations à la charge du propriétaire pour lequel les travaux sont exécutés.	»	»	

CHAPITRE III

Fournitures diverses de matériaux à pied d'œuvre

Observation générale. — Les prix de règlement se composent :
1° Des déboursés pour la fourniture ;
2° Des frais de transport ;
3° Des bénéfices ;
4° Des intérêts d'avances de fonds.

N°s d'ordre.	NATURE ET QUANTITÉ DES OUVRAGES ET FOURNITURES.	PRIX D'UNITÉ.		NOTES.
46	**Fourniture de terres végétales**, le mètre cube . .	5	50	
47	— — **franches** ou **d'alluvion**, le mètre cube	7	»	
48	— — **glaises**, le mètre cube	12	»	

N°ˢ d'ordre.	NATURE ET QUANTITÉ DES OUVRAGES ET FOURNITURES.	PRIX D'UNITÉ.		NOTES.
49	**Fourniture de terre de bruyères,** le mètre cube.	20	"	
50	— **de terreau** fin de couches, le mètre cube.	9	"	
51	— **de fumier consommé, de couches,** le mètre cube.	9	"	
52	— — **neuf, de cheval,** le mètre cube.	6	"	
53	— — **consommé de cheval,** le mètre cube.	9	"	
54	— — **neuf de vaches,** le mètre cube.	9	"	
55	— — **consommé de vaches,** le mètre cube.	10	"	
56	— — **de couche pour pailli,** le mètre cube . . . . ,	9	"	
57	— — **de champignonistes pour pailli,** le mètre cube.	9	"	
58	— **de tannée neuve,** le mètre cube.	8	"	
59	— **de gadoue non consommée,** le mètre cube	5	"	
60	— **de gadoue consommée,** le mètre cube.	7	"	
61	— **de sable de rivière,** non tamisé, le mètre cube.	9	"	
62	— **de sable de rivière** tamisé, le mètre cube.	12	"	
63	— **de sable de carrière** non tamisé, le mètre cube.	8	"	
64	— **de sable de carrière** tamisé, le mètre cube.	11	"	
65	— **de sablon** doux, coloré, dit de Fontenay, le mètre cube.	15	"	

N^{os} d'ordre.	NATURE ET QUANTITÉ DES OUVRAGES ET FOURNITURES.	PRIX D'UNITÉ.		NOTES.
66	**Fourniture** de gravillon ordinaire, dit de carrière, le mètre cube..	12	»	
67	— de gravillon, dit mignonnette de carrière, le mètre cube.	14	»	
68	— de gravillon ordinaire de rivière, le mètre cube.	12	»	
69	— de gravillon, dit mignonnette, de rivière, le mètre cube.	15	»	
70	— de cailloux de rivière, brut, tout venant, passant dans l'anneau de 8 centimètres, le mètre cube.	9	»	
71	— de cailloux de rivière, échantillonné, passant dans l'anneau de 6 centimètres, le mètre cube.	10	50	
72	— de cailloux de carrière, brut, tout venant, passant dans l'anneau de 8 centimètres, le mètre cube.	9	»	
73	— de cailloux de carrière, échantillonné, passant dans l'anneau de 6 centimètres, le mètre cube.	10	50	
74	— de meulières concassées, passant dans l'anneau de 7 centimètres, le mètre cube.	24	»	
75	— de petite meulière ou caillasse, pour blocages, massifs, et fondations de rochers, ponts et fabriques, le mètre cube.	13	»	
76	— de meulières de choix pour constructions, le mètre cube.	20	»	
77	— de meulières de choix, sortant de carrière, pour rochers, le mètre cube.	30	»	
78	— de meulières de choix, mousseuses ou noircies par le temps, pour rochers, le mètre cube.	40	»	
79	— de grès de choix, sortant de carrière, pour rochers, le mètre cube.	50	»	

N^{os} d'ordre.	NATURE ET QUANTITÉ DES OUVRAGES ET FOURNITURES.	PRIX D'UNITÉ.		NOTES.
80	**Fourniture de grès de choix,** mousseux ou noircis par le temps, pour rochers, le mètre cube.	65	»	
81	— **de chaux hydraulique en pierres vives :** d'Argenteuil, de Bougival, de Meudon, de Pantin et des Moulineaux; foisonnement 45 pour cent, le mètre cube.	38	60	
82	— **de chaux hydraulique en pierres vives,** de Senonches, foisonnement 20 pour cent, le mètre cube.	43	40	
83	— **de chaux hydraulique** de Mortcerf, foisonnement 45 pour cent, le mètre cube.	43	40	
84	— **de chaux hydraulique en poudre,** éteinte, d'Argenteuil, de Bougival, de Meudon, de Pantin, des Moulineaux, de Bêfles, des buttes Saint-Chaumont, de la Gravière, de la Louppe, de la Mancelière et du Scilley, le mètre cube.	28	50	
85	— **de chaux hydraulique de Saint-Quentin,** le mètre cube	170	»	
	Fourniture de ciment, dit romain, à prise rapide, propre aux constructions de rochers, grottes, ponts rustiques, gués, barrages, etc.			
86	**Fourniture de ciment** de Grenoble, dit de la porte de France et de Saint-Quentin, les cent kilos	8	50	
87	— — de Bourgogne, de Vassy, de Gironcourt et du bassin de Paris, les cent kilos.	7	75	

2

N⁰ˢ d'ordre.	NATURE ET QUANTITÉ DES OUVRAGES ET FOURNITURES.	PRIX D'UNITÉ.		NOTES.

Fourniture de ciment, dit de Portland, à prise lente, propre aux enduits de pièces d'eau.

N⁰ˢ d'ordre.	NATURE ET QUANTITÉ DES OUVRAGES ET FOURNITURES.		PRIX D'UNITÉ	
88	**Fourniture de ciment** du bassin de Paris, premières marques, les cent kilos. . . .		9	80
89	— — de Seilley, premières marques, les cent kilos		10	23
90	— — de Boulogne-sur-Mer, première marque de Lonquety et Cⁱᵉ, les cent kilos.		12	»
91	— de fil de fer recuit, n⁰ˢ 7, 8, 9 et 10, le kilo.		1	60

— **de fil de fer galvanisé :**

Les 100 mètres.

N⁰ˢ d'ordre.		Diamètres.	Poids de 100 mètres.	Numéros.	PRIX D'UNITÉ	
			kᵒ.			
92		»	0.900	7	1	50
93		»	1.000	8	1	60
94		»	1.200	9	1	90
95	Pour	»	1.400	10	2	10
96	liens ou attaches	»	1.500	11	2	30
97	de	0ᵐ,002ᵐ/ₘ	2.000	12	3	»
98	tuteurs	»	2.500	13	3	50
99	et	»	3.000	14	4	10
100	pour	»	3.500	15	4	55
101	haubannage	0ᵐ,003ᵐ/ₘ	4.500	16	5	65
102	de gros arbres.	»	5.500	17	6	90
103		»	7.000	18	8	75
104		0ᵐ,004ᵐ/ₘ	9.000	19	11	25
105		»	12.000	20	13	»

N^{os} d'ordre.	NATURE ET QUANTITÉ DES OUVRAGES ET FOURNITURES.	PRIX D'UNITÉ.		NOTES.

Fournitures de cordes en fil de fer galvanisé, composées de trois torons de 3 fils chacun :

Les 100 mètres.

N^{os} d'ordre.		Diamètres.	Poids de 100 mètres.	Numéros.	PRIX D'UNITÉ.	
106		0,0027	2.750	16	7	15
107	Pour	0,0030	3.350	17	9	41
108	liens ou attaches	0,0034	4.000	18	11	44
109	de	0,0039	6.000	19	17	16
110	tuteurs,	0,0044	7.500	20	21	45
111	haubannage	0,0049	8.500	21	22	50
112	de gros arbres,	0,0054	10.000	22	25	50
113	clôtures, etc.,	0,0059	11.900	23	27	20
114	etc.	0,0064	16.500	24	39	20
115		0,0070	21.000	25	51	30

116 — **Fourniture de corsets** ou garde-arbres métalliques (modèle adopté par la ville de Paris en 1878) en fer rond élégi, pesant 14 kilos, peints à deux couches, minium et vert, la pièce . . . . 12 | 50

117 — **Le même modèle renforcé,** par kilo en plus . . . . . » | 60

Fourniture de tuteurs en fer rond plein, peints à deux couches.

A la pièce.

N^{os} d'ordre.	LONGUEURS.	DIAMÈTRES.	POIDS.	PRIX D'UNITÉ.	
	m. c.	m. c.	k⁰		
118	0.90	0.010	0.550	»	50
119	1.15	0.012	1.015	»	80
120	1.45	0.013	1.510	1	20
121	1.65	0.014	1.980	1	50
122	1.85	0.015	2.550	2	»
123	2.05	0.016	3.220	2	50

Nᵒˢ d'ordre.	NATURE ET QUANTITÉ DES OUVRAGES ET FOURNITURES.	PRIX D'UNITÉ.		NOTES.
124	**Fourniture de tuteurs pour fraisiers,** en fil de fer nᵒ 14, ondulé. Les vingt-cinq tuteurs.	2	50	
125	Les cinquante tuteurs .	4	50	
126	Les cent tuteurs	8	»	
127	Les mille tuteurs . . .	70	»	
	— **d'arceaux, pour bordures,** fonte peinte imitant le bois brut, pose comprise, le mètre linéaire :			
128	nᵒ 1, par cinq arceaux au mètre.	1	75	
129	nᵒ 2, par quatre au mètre	2	25	
130	nᵒ 3, par quatre au mètre	3	»	
131	nᵒ 4, par quatre au mètre	3	75	
132	nᵒ 5, par quatre au mètre	4	50	
	— **d'arceaux** en fer peint (modèles brevetés), d'Hanoteau :			
133	nᵒ 132, par cinq au mètre	2	45	
134	nᵒ 133, par neuf au mètre	4	50	
135	nᵒ 134, par dix au mètre.	4	95	
136	nᵒ 135, par huit au mètre.	3	95	
	— **d'arceaux** en fer peint (modèles brevetés), de Méry-Picard :			
137	nᵒ 1, par cinq au mètre.	1	50	
138	nᵒ 2, par quatre au mètre	1	80	
139	*Observation.* — Pour la pose, seulement, d'arceaux en fonte ou en fer, en lignes droites ou courbes, mais compris la fourniture d'attaches en fil de fer, il sera payé, par mètre linéaire.	»	35	
140	**Fourniture d'arceaux en bois de châtaignier,** bruts, compris la pose et les attaches, le mètre linéaire	1	60	

N°s d'ordre.	NATURE ET QUANTITÉ DES OUVRAGES ET FOURNITURES.	PRIX D'UNITÉ.		NOTES.
141	**Fourniture d'osier** pour fagotage de bois, le cent. . .	2	»	
142	— — pour palissage, bottes de 0ᵐ15 de circonférence, la botte.	»	30	
143	— **de jonc** pour palissage, bottes de 0ᵐ12 de circonférence, la botte	»	23	
144	— **de crochets** ou fourchettes **en osier** pour palissage des bordures de lierres, fusains, etc., le cent.	2	50	
145	— **de crochets** ou fourchettes, **en fil de fer** n° 9, pour id., le cent.	1	80	
	— **de tuteurs en bois brut,** de châtaignier ou d'acacia, à la pièce :			
146	de 1ᵐ00 de longueur, et de 7 à 10 centimètres de circonférence à la base . .	»	25	
147	de 1ᵐ25 de longueur, et de 7 à 10 centimètres de circonférence, id.	»	30	
148	de 1ᵐ50 de longueur, et de 7 à 10 centimètres de circonférence, id.	»	35	
	— **de tuteurs** en bois, **rabotés ou planés,** de châtaignier ou acacia, et peints à deux couches, à la pièce :			
149	de 1ᵐ00 de longueur et de 7 à 10 centimètres de circonférence à la base . .	»	40	
150	de 1ᵐ25 de longueur et de 7 à 10 centimètres de circonférence, id.	»	50	
151	de 1ᵐ50 de longueur et de 7 à 10 centimètres de circonférence.	»	60	
	— **de baguettes en bourdaine,** à la pièce :			
152	de 1ᵐ00 à 1ᵐ50 de longueur.	»	03	
153	de 1ᵐ55 à 2ᵐ00 de longueur.	»	04	
154	de 2ᵐ10 à 3ᵐ00 de longueur.	»	06	

N°ˢ d'ordre.	NATURE ET QUANTITÉ DES OUVRAGES ET FOURNITURES.	PRIX D'UNITÉ.		NOTES.
	Fourniture de baguettes en châtaignier, à la pièce :			
155	de 2^m00 à 2^m50 de longueur.	»	05	
156	de 2^m60 à 3^m00 de longueur.	»	10	
	— **de perches** en bois de **châtaignier,** la circonférence mesurée à 1^m de hauteur, la pièce :			
	LONGUEUR CIRCONFÉRENCE			
157	de 3^m00 à 3^m50. de 0^m12 à 0^m15.	1	25	
158	— 3^m60 à 4^m00. — 0^m16 à 0^m18.	1	75	
159	— 4^m10 à 4^m50. — 0^m19 à 0^m21.	2	25	
160	— 4^m60 à 5^m00. — 0^m22 à 0^m25.	2	75	
161	— 5^m10 à 5^m50. — 0^m26 à 0^m30.	3	25	
162	— 5^m60 à 6^m00. — 0^m31 à 0^m35.	3	75	
	— **de piquets** pour tracés de jardins, la pièce :			
	LONGUEUR CIRCONFÉRENCE			
163	de 0^m50 à 0^m75. de 0^m»» à 0^m»».	»	06	
164	— 0^m50 à 0^m75. — 0^m08 à 0^m12.	»	10	
165	— 1^m00 à 1^m10. — 0^m08 à 0^m12.	»	15	
	— **de tuyaux de drainage,** en terre cuite, la pièce :			
166	longueur 0^m33, diamètre intérieur 0^m05.	»	12	
167	— 0^m33, — — 0^m08.	»	16	
168	— 0^m33, — — 0^m12.	»	25	
	— **de graines, pour semis de pelouses et prairies :**			
169	— **de graines de foin** épurées, de prairies, le kilo.	1	25	
170	— **de Ray-grass,** épuré, le kilo	1	»	
171	— **de Lawn's-grass,** épuré, le kilo	1	50	

N°s d'ordre.	NATURE ET QUANTITÉ DES OUVRAGES ET FOURNITURES.	PRIX D'UNITÉ.		NOTES.
172	**Fourniture de graines, mélange pour terres franches :** Ray-grass de Pacey — Crételle des prés — Agrostis traçante — Paturin des prés — Paturin des bois — Paturin toujours vert, le kilo.	2	»	
173	— **de graines, mélange pour terres argileuses, glaiseuses et humides :** Ray-grass de Pacey — Crételle des prés — Agrostis blanc — Fétuque des prés — Paturin des prés — Paturin des bois — Paturin toujours vert, le kilo.	2	75	
174	— **de graines, mélange pour terrains secs et sableux :** Ray-grass anglais — Crételle des prés — Agrostis commune — Fétuque ovine — Fétuque durette — Fétuque rouge — Fétuque à feuilles menues — Brome des prés — Flouve odorante, le kilo.	2	»	
175	— **de petit trèfle blanc** de Hollande (*trifolium repens*), le kilo.	3	»	
176	— **de gazon pour placages**, le mètre superficiel.	1	80	
177	*Observations.* — Toute fourniture de moins de vingt mètres de gazon à plaquer sera payée, le mètre superficiel.	2	»	
178	— *Les prix ci-dessus des n°s 46 à 177 sont exclusivement applicables pour l'intérieur de Paris. Des plus ou moins-values pourront être appliquées suivant les cas et les besoins.*			

Nᵒˢ d'ordre.	NATURE ET QUANTITÉ DES OUVRAGES ET FOURNITURES.	PRIX D'UNITÉ.		NOTES.

CHAPITRE IV

Travaux au mètre cube

NE COMPRENANT AUCUNE FOURNITURE.

OBSERVATION GÉNÉRALE. — Les prix de réglement se composent :

    1° Des déboursés pour la main-d'œuvre ;
    2° De la valeur locative du matériel ;
    3° Des faux frais appliqués à la main-d'œuvre et au matériel employé ;
    4° Du bénéfice ;
    5° Des intérêts d'avances de fonds.

Fouilles.

Nᵒˢ	NATURE ET QUANTITÉ DES OUVRAGES ET FOURNITURES.	PRIX D'UNITÉ.		NOTES.
179	**Fouille** de **terre végétale** ou faciles à piocher, le mètre cube.	»	38	
180	— de **terre argileuse**, le mètre cube	»	45	
181	— de **terre glaise**, le mètre cube.	»	65	
182	— de **terrains calcaires**, le mètre cube.	1	70	
183	— de **maçonnerie, gypse, béton** et **macadam**, le mètre cube.	3	»	
184	— de **roche tendre**, le mètre cube	3	50	
185	— de **roche dure**, le mètre cube.	6	»	
186	*Observation*. — Lorsque la fouille aura lieu avec embarras d'étais ou étrésillons, il sera accordé un quart en plus des prix ci-dessus.			

Nᵒˢ d'ordre.	NATURE ET QUANTITÉ DES OUVRAGES ET FOURNITURES.	PRIX D'UNITÉ.		NOTES.
	Jet à la pelle, sur berge Jusqu'à 2 mètres horizontalement et 1 mètre 50 centim. verticalement.			
187	**Jet à la pelle** de **terre végétale** ou facile, le mètre cube	»	30	
188	— de **terre argileuse**, le mètre cube. . .	»	40	
189	— de **terre glaise**, le mètre cube.	»	50	
190	— de **cailloux**, le mètre cube	»	55	
191	— de **roche caillasse**, le mètre cube. . .	»	65	
192	— de **vase** ou **bourbe** et **boue**, le mètre cube.	»	75	
	Jet sur banquette Jusqu'à 1 mètre 50 centim. de hauteur.			
193	**Jet** de **terre végétale** ou facile, le mètre cube.	»	40	
194	— **argileuse**, le mètre cube.	»	50	
195	— **glaise**, le mètre cube.	»	55	
196	— de **cailloux**, le mètre cube.	»	60	
197	— de **roche caillasse**, le mètre cube.	»	70	
198	— de **vase** ou **bourbe** et **boue**, le mètre cube . . .	»	80	
199	*Observation.* — Pour embarras d'étais ou étrésillons, même plus-value qu'au nᵒ 186.			
	Chargement en brouette.			
200	**Chargement en brouette** de **terre végétale** ou facile, le mètre cube . .	»	28	
201	— — de **terre argileuse**, le mètre cube	»	32	

3

Nᵒˢ d'ordre.	NATURE ET QUANTITÉ DES OUVRAGES ET FOURNITURES.	PRIX D'UNITÉ.		NOTES.
202	**Chargement en brouette** de **terre glaise**, le mètre cube	»	40	
203	— — de **roche caillasse**, le mètre cube	»	50	
204	— — de **cailloux**, le mètre cube	»	45	
205	— — de **vase** ou **bourbe** et **boue**, le mètre cube. .	»	75	
206	*Observation.* — Pour embarras d'étais ou étrésillons, même plus-value qu'au n° 186.			

Chargement en tombereaux.

Nᵒˢ d'ordre.	NATURE ET QUANTITÉ DES OUVRAGES ET FOURNITURES.	PRIX D'UNITÉ.		NOTES.
207	**Chargement en tombereaux** de **terre végétale** ou facile, le mètre cube	»	45	
208	— — de **terre argileuse**, le mètre cube.	»	55	
209	— — de **terre glaise**, le mètre cube	»	60	
210	— — de **cailloux**, le mètre cube.	»	65	
211	— — de **roche meulière** et **caillasse**, le mètre cube.	»	70	
212	— — de **vase** ou **bourbe** et **boue**, le mètre cube.	»	85	

Chargement en hotte.

Nᵒˢ d'ordre.	NATURE ET QUANTITÉ DES OUVRAGES ET FOURNITURES.	PRIX D'UNITÉ.		NOTES.
213	**Chargement en hotte** de **terre végétale** ou facile, le mètre cube.	»	45	

Nos d'ordre.	NATURE ET QUANTITÉ DES OUVRAGES ET FOURNITURES.	PRIX D'UNITÉ.		NOTES.
214	**Chargement en hotte** de **terre argileuse**, le mètre cube.	»	55	
215	— — de **terre glaise**, le mètre cube	»	60	
216	— — de **cailloux**, le mètre cube . .	»	63	
217	— — de **roche meulière** et **caillasse**, le mètre cube. . . .	»	70	
218	— — de **vase** ou **bourbe** et **boue**, le mètre cube	»	85	

Transport à la brouette.

Nos d'ordre.	NATURE ET QUANTITÉ DES OUVRAGES ET FOURNITURES.	PRIX D'UNITÉ.		NOTES.
219	**Transport à la brouette** de tous matériaux, jusqu'à 20 mètres (1 relais) sur chemin horizontal, ou jusqu'à 15 mèt. en rampe de plus de 5 centimètres par mètre, le mètre cube.	»	25	
220	— — par chaque relais de 20 mèt. en plus horizontalement, ou de 15 mèt. en rampe, le mètre cube.	»	25	
221	*Observation.* — Pour embarras d'étais ou étrésillons, même plus-value qu'au n° 186.			

Transport au tombereau.

Nos d'ordre.	NATURE ET QUANTITÉ DES OUVRAGES ET FOURNITURES.	PRIX D'UNITÉ.		NOTES.
222	**Transport au tombereau** de tous matériaux, jusqu'à 100 mètres (1 relais), le mètre cube	»	95	
223	— — par chaque relais en plus (de 100 mètres), le mètre cube	»	20	

Nᵒˢ d'ordre.	NATURE ET QUANTITÉ DES OUVRAGES ET FOURNITURES.	PRIX D'UNITÉ.		NOTES.

	Transport à la hotte et au seau.			
224	**Transport à la hotte** de tous matériaux sur chemin horizontal à un relais de 10 mètres, ou de 6 mètres sur chemin en rampe de au moins 10 centimètres par mètre, le mètre cube	»	90	
225	— — montée ou descente par escalier à 3 mètres ou fraction de 3 mètres de hauteur, le mètre cube	»	93	
226	— — montée ou descente par échelle à 2 mètres où fraction de 2 mèt. de hauteur, le mètre cube . .	»	93	
227	— **au seau,** montée ou descente, à la corde ou sur l'épaule, à 4 mètres ou fraction de 4 mètres de hauteur, le mètre cube	1	80	
	Régalage.			
228	**Régalage** de **terre, gravois** et **cailloux,** par couche de 10 centimètres d'épaisseur et au-dessus, le mètre cube.	»	18	
	Pilonnage.			
229	**Pilonnage** de **terre** et **gravois,** par couche de 10 centimètres d'épaisseur, le mètre cube. . . .	»	25	
230	— — — par couche de 0ᵐ20, le mètre cube . . .	»	15	
231	— — — par couche de 0ᵐ20, en talus, le mètre cube	»	30	

Nᵒˢ d'ordre.	NATURE ET QUANTITÉ DES OUVRAGES ET FOURNITURES.	PRIX D'UNITÉ.		NOTES.
	Démolitions.			
232	**Démolition** de **mur** en élévation, hourdé en mortier de chaux ou plâtre, le mètre cube	1	30	
233	— de **massif** et **fondation**, hourdé en mortier de chaux, y compris un jet sur berge, le mètre cube	2	50	
234	— de **mur** en élévation hourdé en mortier de ciment, le mètre cube	2	75	
235	— de **massif** et **fondation** hourdé en mortier de ciment, y compris un jet sur berge, le mètre cube	3	75	
236	*Observation.* — La démolition, le bardage et le rangement de mur et ouvrage en élévation ou fondation, construits en pierre de taille seront traités de gré à gré.			
	Passage à la claie.			
237	**Passage à la claie** de **terre végétale** ou facile, et de **terre de bruyère**, le mètre cube	»	67	
238	— — de **sable** et **gravier**, id.	»	47	
239	*Observations.* — Les prix des nᵒˢ 237 et 238 ne comprennent pas la fouille.			
240	— Tous les matériaux extraits seront payés séparément. (Voir *Extraction.*)			
	Extraction.			
241	**Extraction** dans les fouilles ou défoncés, de **pierres** mises en tas, le mètre cube	2	30	
242	— de **souches** et **racines** d'arbres, id. . . .	8	»	

N^{os} d'ordre.	NATURE ET QUANTITÉ DES OUVRAGES ET FOURNITURES.	PRIX D'UNITÉ.		NOTES.
243	*Observation.* — Les matériaux extraits par application des prix des n°s 241 et 242 appartiennent au propriétaire.			
	Enlèvement aux décharges publiques.			
244	**Enlèvement de terre, gravois et immondices,** transport aux décharges publiques compris chargement et droit de décharge, le mètre cube	4	60	
245	*Observation.* — Le prix du n° 244 n'est applicable que pour les enlèvements dans Paris.			
	Cassage.			
246	**Cassage de cailloux et pierre calcaire,** à l'anneau de sept centimètres, le mètre cube	6	75	
247	— de **caillasse** ou de **meulière dure,** à l'anneau de 7 centimètres, le mètre cube.	11	»	
248	— de **terre de bruyère,** y compris l'extraction des racines, le mètre cube	1	50	
	Emmêtrage.			
249	**Emmêtrage de terre et sable,** déposés au tombereau ou à la brouette, le mètre cube	»	20	
250	— de **terre de bruyère,** le mètre cube . .	»	50	
251	— de **cailloux et meulière** cassés, id. . .	»	30	
252	— de **fumier, gadoue et terreau,** id. . .	»	40	
253	— de **moellon, caillasse et grès,** le mètre cube.	»	70	

N^{os} d'ordre.	NATURE ET QUANTITÉ DES OUVRAGES ET FOURNITURES.	PRIX D'UNITÉ.		NOTES.

CHAPITRE V

Travaux au mètre superficiel

NE COMPRENANT AUCUNE FOURNITURE

OBSERVATION GÉNÉRALE. — Les prix de règlement se composent :

1° Des déboursés pour la main-d'œuvre ;
2° De la valeur locative du matériel ;
3° Des faux frais appliqués à la main-d'œuvre et au matériel employé;
4° Du bénéfice;
5° Des intérêts d'avances de fonds.

Labour.

N°	Désignation		Prix
254	**Labour à la bêche** de **terre facile,** cultivée en carré ou plate-bande, le mètre superficiel.	»	08
255	— — de **terre lourde, argileuse** ou **glaiseuse,** cultivée en carré ou plate-bande, le mètre superficiel.	»	15
256	— — de **terre pierreuse,** cultivée en carré ou plate-bande, le mètre superficiel.	»	11
257	— — de **plate-bande,** plantée d'arbres fruitiers, rosiers ou plantes vivaces diverses, le mètre superficiel.	»	14
258	— — de **vieux gazons,** le m. superficiel.	»	17
259	— — de **massif** d'arbres et arbustes, le mètre superficiel.	»	20

N^{os} d'ordre.	NATURE ET QUANTITÉ DES OUVRAGES ET FOURNITURES.	PRIX D'UNITÉ.		NOTES.
260	**Labour à la bêche** de **vieilles luzernes**, y compris extraction des racines, le mètre superficiel.	»	30	
261	*Observation.* — Lorsqu'on emploiera des fumiers ou gadoues dans les labours, il sera alloué, pour répandage et enfouissage, par mètre cube.	1	50	
	Défonces.			
262	**Défonce à la pioche** de terrain à remblayer ou déblayé, en **terre facile**, à 0^m15 cent. de profondeur, le m. superficiel.	»	10	
263	— — de terrain id., **argileux** ou **glaiseux**, à 0^m15 c. de profondeur, le mètre superficiel.	»	15	
264	— — de **vieilles allées**, macadamisées ou bloquées, jusqu'à 0^m20 de profondeur, le mètre superficiel.	»	95	
	Défonces en tranchée ouverte. — Terre facile.			
	Défonce en tranchée ouverte, à la pioche ou à la bêche, de **terre végétale** ou **facile** :			
265	— à 0^m40 de profondeur, le mètre superficiel. . .	»	27	
266	— à 0^m50 de profondeur, id.	»	34	
267	— à 0^m60 de profondeur, id.	»	41	
268	— à 0^m70 de profondeur, id.	»	48	
279	— à 0^m80 de profondeur, id.	»	55	
270	— à 0^m90 de profondeur, id.	»	61	
271	— à 1^m00 de profondeur, id.	»	68	

N°s d'ordre.	NATURE ET QUANTITÉ DES OUVRAGES ET FOURNITURES.	PRIX D'UNITÉ.		NOTES.
	Défonce en tranchée ouverte. — Terre argileuse.			
	Défonce en tranchée ouverte de terre argileuse :			
272	— à 0^m40 de profondeur, le mètre superficiel. . .	»	34	
273	— à 0^m50 de profondeur, id.	»	43	
274	— à 0^m60 de profondeur, id.	»	51	
275	— à 0^m70 de profondeur, id.	»	60	
276	— à 0^m80 de profondeur, id.	»	68	
277	— à 0^m90 de profondeur, id.	»	77	
278	— à 1^m00 de profondeur, id.	»	85	
	Défonce en tranchée ouverte. — Terre glaiseuse.			
	Défonce en tranchée ouverte de terre glaiseuse :			
279	— à 0^m40 de profondeur, le mètre superficiel. . .	»	46	
280	— à 0^m50 de profondeur, id.	»	58	
281	— à 0^m60 de profondeur, id.	»	69	
282	— à 0^m70 de profondeur, id.	»	81	
283	— à 0^m80 de profondeur, id.	»	92	
284	— à 0^m90 de profondeur, id.	1	04	
285	— à 1^m00 de profondeur, id.	1	15	
286	*Observations.* — Lorsque le terrain à défoncer aura moins de 2^m00 de largeur, il sera alloué une plus-value, par mètre superficiel, de.	»	10	
287	— Lorsque, dans les défonces, on emploiera des fumiers ou gadoues, il sera alloué pour épandage et enfouissage, par mètre cube.	1	50	

N°ˢ d'ordre.	NATURE ET QUANTITÉ DES OUVRAGES ET FOURNITURES.	PRIX D'UNITÉ.		NOTES.

Règlements, dressements.

N°ˢ d'ordre.	NATURE ET QUANTITÉ	PRIX		NOTES
288	**Règlement général** et *grosso-modo*, de **toutes les surfaces déblayées, remblayées** ou **défoncées**, comprenant les légers mouvements de terre à la brouette, *n'excédant pas* 0ᵐ15 *d'épaisseur*, le mètre superficiel......	»	20	
289	— **définitif d'allées** et **terre-plein**, avant le sablage ou l'épandage de cailloux, le mètre superficiel. ...	»	12	
290	— — de **pelouses** et **massifs**, le mètre superficiel........	»	09	
291	— — de **pièces d'eau**, **rivières**, et talus de fossés, le mètre superficiel................	»	18	

Épandage de matériaux.

N°ˢ	NATURE	PRIX		NOTES
292	**Épandage** de **cailloux**, sur une épaisseur de 10 à 25 centimètres, le mètre superficiel.....	»	20	
293	— de **sable** ou de **gravillon**, le mètre superficiel...................	»	13	
294	— de **terreau** sur semis de pelouses et bordures, compris passage au râteau, le mètre superficiel.................	»	05	
295	— de **fumier consommé** ou **pailli**, sur massifs, corbeilles et plates-bandes, le mètre superficiel..................	»	12	

Macadamisage de chaussées et terre-pleins.

Façon de macadam, épandage du sable nécessaire à la liaison, arrosage et cylindrage jusqu'à parfait établissement de la chaussée :

Nᵒˢ d'ordre.	NATURE ET QUANTITÉ DES OUVRAGES ET FOURNITURES.	PRIX D'UNITÉ.		NOTES.
296	**Au cylindre** à 1 cheval, le mètre superficiel..	»	30	
297	— à 2 chevaux, id.	»	40	
298	— à 3 — id.	»	30	
299	— à 4 — id.	»	60	
300	— à bras pour petites parties, id.	»	70	
	Cylindrage d'allées non empierrées.			
301	**Cylindrage** au cylindre à 2 hommes, le mètre superficiel.	»	07	
302	— — à 4 — id.	»	12	
	Ratissage d'allées et terre-plein.			
303	**Ratissage d'allées non entretenues**, piochage de l'herbe, ramassage en tas, le mètre superficiel.		05	
304	— id. à la râtissoire, id.	»	03	
305	— d'allées entretenues, id.	»	02	
306	**Passage du rateau** sur allées sablées, id.	»	01	
307	— — sur allées gravillonnées, id.	»	02	
	Placage de gazon.			
308	**Placage de gazon** en bordure, de 0^m30 de largeur, horizontale ou inclinée, le mètre superficiel. . . .	»	45	
309	— — — de 0^m40 id.	»	40	
310	— — — de 0^m50 id.	»	35	
311	— — — de 0^m60 id.	»	30	

N^{os} d'ordre.	NATURE ET QUANTITÉ DES OUVRAGES ET FOURNITURES.	PRIX D'UNITÉ.		NOTES.
312	**Placage de gazon** en **surfaces** de plus de 0^m60 de largeur, horizontales ou inclinées, jusqu'à 30°, le mètre superficiel..	»	25	
313	— — en **talus** ou en pentes de plus de 30°, le mètre superficiel..	»	35	
	Fauchage de gazon.			
	Fauchage de gazon, compris le ramassage de l'herbe et mise en tas :			
314	Pour une surface jusqu'à 30 mètres, le mètre superficiel.. .	»	07	
315	— de 31 à 50, id.	»	06	
316	— de 51 à 100, id.	»	05	
317	— de 101 à 200, id.	»	04	
318	— supérieure à 200, id.	»	03	
319	*Observation*. — Toute bordure de moins de un mètre de largeur sera comptée comme ayant un mètre.			

CHAPITRE VI

Travaux divers

COMPRENANT LES FOURNITURES ACCESSOIRES SEULEMENT

OBSERVATION GÉNÉRALE. — Les prix de règlement se composent :

1° Des déboursés pour la main-d'œuvre ;
2° De la valeur locative du matériel ;
3° Des faux frais appliqués à la main-d'œuvre et au matériel employé ;
4° Du bénéfice ;
5° Des intérêts d'avances de fonds.

N°ˢ d'ordre.	NATURE ET QUANTITÉ DES OUVRAGES ET FOURNITURES.	PRIX D'UNITÉ.		NOTES.
	Découpage des bordures de gazon.			
320	**Foulage, dressage** et **découpage** de bordures de gazon, **neuves,** le mètre linéaire.	»	07	
321	— **anciennes** et **entretenues,** le mètre linéaire..	»	03	
322	*Observation.* — Seront considérées comme neuves toutes les bordure négligées ou non entretenues.			
	Élagage.			
323	*Observation.* — Tous les travaux d'**élagage** seront traités de gré à gré à l'avance ou payés à l'heure.			
	Échenillage.			
324	*Observation.* — Tous les travaux d'**échenillage** seront traités de gré à gré à l'avance, ou payés à l'heure.			
	Façon de trous pour la plantation.			
325	**Façon de trous** pour la plantation, en **terrain défoncé,** ayant jusqu'à 0^m30 de côté et 0^m30 de profondeur, la pièce..	»	03	
326	— — de 0^m45 de côté et 0^m40 de profondeur, la pièce.	»	15	
327	— — de 0^m60 de côté et 0^m50 de profondeur, la pièce.	»	25	
328	— — de 0^m80 de côté et 0^m70 de profondeur, la pièce.	»	80	
329	— — de 1^m00 de côté, et 0^m80 de profondeur, la pièce.	1	10	
330	— — de 1^m25 de côté et 0^m90 de profondeur, la pièce.	1	50	

N°s d'ordre.	NATURE ET QUANTITÉ DES OUVRAGES ET FOURNITURES.	PRIX D'UNITÉ.		NOTES.
331	**Façon de trous** de 1^{m}50 de côté et 1^{m}00 de profondeur, la pièce.	3	»	
332	— — de 2^{m}00 de côté et 1^{m}20 de profondeur, la pièce.	6	»	
333	PLUS-VALUE pour façon de trous en terrain **non défoncé**, mais **facile**, 25 pour 0/0.			
334	— en terrain **non défoncé, argileux**, 50 p. 0/0.			
335	— — — **glaiseux**, 75 p. 0/0.			
	Arrachage de bois et abatage d'arbres.			
336	**Arrachage d'arbustes** ou touffes en plein massif ou isolés, la pièce.	»	10	
337	— de **bois, taillis**, ayant subi la coupe depuis moins de dix ans, le mètre superficiel. . . .	»	45	
338	— de **cepées** et **arbres** de moins de 0^{m}30 de circonférence, la pièce.	»	25	
339	— d'**arbres** de 0^{m}30 à 0^{m}40 de circonférence, à 1^{m}00 au-dessus du sol, la pièce.	»	35	
340	— — de 0^{m}41 à 0^{m}55 de circonférence, à 1^{m}00 au-dessus du sol, la pièce.	»	45	
341	— — de 0^{m}56 à 0^{m}70 de circonférence, à 1^{m}00 au-dessus du sol, la pièce.	»	60	
342	— — de 0^{m}71 à 1^{m}00 de circonférence, à 1^{m}00 au-dessus du sol, la pièce.	»	90	
343	— — de 1^{m}01 à 1^{m}35 de circonférence, à 1^{m}00 au-dessus du sol, la pièce.	1	50	
344	— — de 1^{m}36 à 1^{m}70 de circonférence, à 1^{m}00 au-dessus du sol, la pièce.	2	25	
345	— — de 1^{m}71 à 2^{m}00 de circonférence, à 1^{m}00 au-dessus du sol, la pièce.	3	50	

N^{os} d'ordre.	NATURE ET QUANTITÉ DES OUVRAGES ET FOURNITURES.	PRIX D'UNITÉ.		NOTES.
346	*Observation.* — Pour les arbres d'un plus grand diamètre, on ajoutera par chaque 0^m25 de circonférence, en plus.	»	75	
	Abatage ou coupe à blanc.			
	Abatage ou **coupe à blanc**, rez terre, dressement de la face de la souche :			
347	— **d'arbres** de 0^m30 à 0^m40 de circonf., la pièce.	»	20	
348	— — de 0^m41 à 0^m55, id.	»	30	
349	— — de 0^m56 à 0^m70, id.	»	45	
350	— — de 0^m71 à 1^m00, id.	»	60	
351	— — de 1^m01 à 1^m35, id.	1	»	
352	— — de 1^m36 à 1^m70, id.	1	75	
353	— — de 1^m71 à 2^m00, id.	2	25	
354	*Observation.* — Pour les arbres d'un plus grand diamètre, on ajoutera par chaque 0^m25 de circonférence, en plus..	»	50	
	Débitage des arbres et fagotage des branches.			
355	**Débitage, sciage** et **fendage** des arbres par longueurs du commerce (1^m14), le stère ou mètre cube.	4	25	
356	**Fendage** de **souches**, et grosses racines, sciage par longueur de 0^m28, le stère ou mètre cube.	6	40	
357	**Fagotage** des **menues branches**, en fagots de 1^m00 de longueur et 0^m90 de circonférence à l'attache, la pièce.	»	06	
	Arrachage et mise en jauge d'arbres et arbustes.			
358	**Arrachage** et **mise en jauge de bordures** anciennes de buis, sauge, lavande, thym, etc., le mètre linéaire. . .	»	22	

N°s d'ordre.	NATURE ET QUANTITÉ DES OUVRAGES ET FOURNITURES.	PRIX D'UNITÉ.		NOTES.
	Arrachage et mise en jauge de **touffes** ou arbustes à **feuilles caduques :**			
359	— ayant jusqu'à 1ᵐ50 de hauteur, la pièce. . . .	»	20	
360	— ayant de plus de 1ᵐ60 de hauteur, la pièce. .	»	30	
361	— et **mise en jauge de touffes** ou arbustes à **feuilles persistantes,** avec la motte, jusqu'à 1ᵐ50 de hauteur, **mise en tontine,** la pièce	»	50	
362	— de plus de 1ᵐ50 de hauteur, la pièce	»	70	
363	— à racines nues d'**arbres à haute tige,** de 0ᵐ10 à 0ᵐ20 de circonférence, la pièce. . .	»	50	
364	— de 0ᵐ21 à 0ᵐ30 de circonférence, la pièce. . .	»	85	
365	— de 0ᵐ31 à 0ᵐ40 de circonférence, la pièce. . .	3	»	
366	— de 0ᵐ41 à 0ᵐ50 de circonférence, la pièce. . .	6	»	
367	*Observations.* — Les prix d'arrachage et mise en jauge comprenant le transport jusqu'à la distance de 50 mètres.			
368	— La mise en jauge de végétaux, sans l'arrachage, sera comptée pour le tiers des prix ci-dessus.			
	Plantations diverses comprenant la taille des branches et des racines.			
369	**Plantation de bordure de thym,** lavande, etc., sur une seule ligne, au plantoir, le mètre linéaire.	»	45	
370	— en **rigole,** compris ouverture et fermeture de la rigole, foulage et dressement, le mètre linéaire.	»	35	
371	— le **haies d'épines,** sur une ligne, le mètre linéaire.	»	20	
372	— de **haies d'épines,** sur 2 lignes, le mètre linéaire..	»	35	

N°s d'ordre.	NATURE ET QUANTITÉ DES OUVRAGES ET FOURNITURES.	PRIX D'UNITÉ.		NOTES.
	Plantation de **bordures de buis** :			
373	sur une ligne, le mètre linéaire.	»	35	
374	— de 0m30 de larg. au plantoir, le mètre linéaire.	1	10	
375	— de 0m40 — id.	1	45	
376	— de 0m50 — id.	2	05	
377	— de 0m60 — id.	2	45	
378	— de **buis** en **bordures** ou **surfaces** quelconques au-dessus de 0m60 de largeur, le mètre superficiel.	4	»	
379	— de **rosiers tiges** en plates-bandes, ou en corbeilles, la pièce.	»	17	
380	— de **rosiers greffés rez terre** ou **francs de pied**, en plates-bandes ou en corbeilles, la pièce.	»	12	
381	— de **touffes** ou **arbustes à feuilles caduques** de force ordinaire, non compris la façon des trous, la pièce.	»	08	
382	— de **touffes** ou **arbustes à feuilles caduques** forts, non compris la façon des trous, la pièce..	»	17	
383	— de **touffes** ou **arbustes à feuilles persistantes**, en mottes ou en pots de force ordinaire, non compris la façon des trous, la pièce.	»	25	
384	— de **touffes** ou **arbustes forts à feuilles persistantes**, en mottes ou en pots, non compris la façon des trous, la pièce.	»	35	
385	— de **petits arbres tiges** dits **baliveaux**, de 0m07 à 0m10 de circonférence, la pièce. .	»	15	
386	— d'**arbres à hautes tiges**, de 0m11 à 0m20 de circonférence mesurés à 1 mètre au-dessus du collet des racines, non compris la façon des trous, la pièce.	»	35	

N^{os} d'ordre.	NATURE ET QUANTITÉ DES OUVRAGES ET FOURNITURES.	PRIX D'UNITÉ.		NOTES.
387	**Plantation** d'arbres à hautes tiges, de 0^{m}21 à 0^{m}30 de circonférence mesurés à 1 mètre au-dessus du collet des racines, non compris la façon des trous, la pièce.	»	75	
388	— d'arbres à hautes tiges, de 0^{m}31 à 0^{m}40 de circonférence mesurés à 1 mètre au-dessus du collet des racines, non compris la façon des trous, la pièce.	2	25	
389	— d'arbres à hautes tiges, de 0^{m}41 à 0^{m}50 de circonférence mesurés à 1 mètre au-dessus du collet des racines, non compris la façon des trous, la pièce.	4	50	
390	*Observation.* — Pour la plantation à racines nues, d'arbres au-dessus de 0^{m}50 de circonférence, on traitera de gré à gré.			
391	**Plantation** d'arbustes grimpants de force ordinaire, — — — la pièce.	»	10	
392	— — — forts, la pièce. . . .	»	20	
393	— d'arbustes fruitiers, groseillers, framboisiers, etc., la pièce.	»	12	
394	— d'arbres fruitiers petits, ou d'un an de greffe, la pièce.	»	25	
395	— d'arbres fruitiers forts, ou de 4 à 6 ans de greffe, la pièce.	»	75	
396	— d'arbres fruitiers tiges, formés ou non formés, de 0^{m}10 à 0^{m}20 de circonférence, la pièce.	»	35	
397	— d'arbres fruitiers tiges, forts, formés ou non formés, de 0^{m}21 à 0^{m}30 de circonférence, la pièce.	1	25	

N^{os} d'ordre.	NATURE ET QUANTITÉ DES OUVRAGES ET FOURNITURES.	PRIX D'UNITÉ.		NOTES.

Transplantation de gros arbres au chariot.

Transplantation comprenant **arrachage, emballage** de la motte, **enlèvement** sur le chariot, **transport** jusqu'à 10 mètres sur plats-bords, aux crics et pinces, et ensuite jusqu'à 500 mètres sur chaussée, par traction de chevaux, **façon du trou, mise en place** de l'arbre, et **plantation,** non **compris haubannage.**

N°	Désignation	Fr.	c.
398	**Transplantation** d'arbres de 0^m35 à 0^m40 de circonf., mesurés à 1^m00 au-dessus du collet des racines avec motte de 1^m00 de diamètre, la pièce.	36	50
399	— **d'arbres** de 0^m41 à 0^m45 de circonf., motte de 1^m10 de diamètre, la pièce.	39	20
400	— **d'arbres** de 0^m46 à 0^m50 de circonf., motte de 1^m20 de diamètre, la pièce.	42	45
401	— **d'arbres** de 0^m51 à 0^m55 de circonf., motte de 1^m30 de diamètre, la pièce.	45	60
402	— **d'arbres** de 0^m56 à 0^m60 de circonf., motte de 1^m40 de diamètre, la pièce.	48	70
403	— **d'arbres** de 0^m61 à 0^m65 de circonf., motte de 1^m50 de diamètre, la pièce.	53	60
404	— **d'arbres** de 0^m66 à 0^m70 de circonf., motte de 1^m60 de diamètre, la pièce.	58	40
405	— **d'arbres** de 0^m71 à 0^m80 de circonf., motte de 1^m70 de diamètre, la pièce.	63	25
406	— **d'arbres** de 0^m81 à 0^m85 de circonf., motte de 1^m80 de diamètre, la pièce.	72	»
407	— **d'arbres** de 0^m86 à 0^m90 de circonf., motte de 1^m90 de diamètre, la pièce.	80	70
408	— **d'arbres** de 0^m91 à 1^m00 de circonf., motte de 2^m00 de diamètre, la pièce.	89	60
409	— **d'arbres** de 1^m01 à 1^m10 de circonf., motte de 2^m10 de diamètre, la pièce.	98	15

N^{os} d'ordre.	NATURE ET QUANTITÉ DES OUVRAGES ET FOURNITURES.	PRIX D'UNITÉ.		NOTES.
410	**Transplantation** d'arbres de 1^m11 à 1^m15 de circonf., motte de 2^m20 de diamètre, la pièce.	106	70	
411	— d'arbres de 1^m16 à 1^m25 de circonf., motte de 2^m30 de diamètre, la pièce.	115	30	
412	— d'arbres de 1^m26 à 1^m50 de circonf., motte de 2^m40 de diamètre, la pièce.	138	80	
413	**PLUS-VALUE** pour la transplantation d'un seul arbre, le 1/3 en plus des prix ci-dessus.			
414	*Observations.* — Lorsque le chariot ne pourra approcher du lieu de l'enlèvement ou de celui de la nouvelle destination de l'arbre, les travaux d'approche seront comptés comme arbres en bacs transportés sur roules.			
415	— Tous les obstacles, tels que passage sous un pont, fils télégraphiques, etc., seront reconnus à l'avance, et la valeur du temps ou les frais, faits pour les surmonter, seront ajoutés aux prix ci-dessus.			
416	— La fourniture des chariots est au compte de l'entrepreneur, mais les frais de transport du dépôt au chantier et le retour, sont à la charge du propriétaire, ainsi que la location pendant le voyage ; cette location ne pourra être moindre de deux jours pour l'aller et le retour.			
417	— Lorsqu'un accident aura amené la perte d'un arbre, cette perte sera subie par le propriétaire. — La perte du transport et main-d'œuvre seront subies par l'entrepreneur. — Le bois appartiendra à ce dernier, qui sera tenu d'effectuer le déblaiement.			

N^os d'ordre.	NATURE ET QUANTITÉ DES OUVRAGES ET FOURNITURES.	PRIX D'UNITÉ.		NOTES.
	Traction des chariots chargés sur terrain défoncé (*les dix premiers mètres parcourus*), sur plats-bords, aux crics et pinces, par chaque 10 mètres ou fraction de 10 mètres sur chemin plat; ou de 6 mètres en rampe de plus de 6 centimètres par mètre.			
	Traction des chariots chargés d'arbres :			
418	de 0^m35 à 0^m40 de circonf., mesurés à 1^m00 au-dessus du collet des racines.	8	50	
419	— — de 0^m41 à 0^m45 de circonf., id. . . .	9	50	
420	— — de 0^m46 à 0^m50 de circonf., id. . . .	10	50	
421	— — de 0^m51 à 0^m55 de circonf., id. . . .	11	50	
422	— — de 0^m56 à 0^m60 de circonf., id. . . .	12	50	
423	— — de 0^m61 à 0^m65 de circonf., id. . . .	13	50	
424	— — de 0.66 à 0.70 de circonf., id. . . .	14	50	
425	— — de 0.71 à 0.80 de circonf., id. . . .	15	50	
426	— — de 0.81 à 0.85 de circonf., id. . . .	16	50	
427	— — de 0.86 à 0.90 de circonf,, id. . . .	17	50	
428	— — de 0.91 à 1.00 de circonf., id. . . .	18	50	
429	— — de 1.01 à 1.10 de circonf., id. . . .	19	50	
430	— — de 1.11 à 1.15 de circonf., id. . . .	20	50	
431	— — de 1.16 à 1.25 de circonf., id. . . .	21	25	
432	— — de 1.26 à 1.50 de circonf., id. . . .	22	»	
433	*Observation.* — Pour la traction des chariots non chargés, sur terrain défoncé, sur plats-bords, aux crics et pinces, il sera alloué le quart des prix appliqués aux chariots chargés.			
	Traction par chevaux des chariots, chargés ou non, **sur chaussée,** par 100 mètres ou fraction de 100 mètres (*les premiers 500 mètres parcourus*).			

N°s d'ordre.	NATURE ET QUANTITÉ DES OUVRAGES ET FOURNITURES.	PRIX D'UNITÉ.		NOTES.
434	**Pour des arbres** de 0.35 à 0.40 de circonf., mesurés à 1ᵐ00 au-dessus du collet des racines.	»	25	
435	— — de 0.41 à 0.45 de circonf., id. . . .	»	28	
436	— — de 0.46 à 0.50 de circonf., id. . . .	»	31	
437	— — de 0.51 à 0.55 de circonf., id. . . .	»	34	
438	— — de 0.56 à 0.60 de circonf., id. . . .	»	37	
439	— — de 0.61 à 0.65 de circonf., id. . . .	»	40	
440	— — de 0.66 à 0.70 de circonf., id. . . .	»	43	
441	— — de 0.71 à 0.80 de circonf., id. . . .	»	46	
442	— — de 0.81 à 0.85 de circonf., id. . . .	»	49	
443	— — de 0.86 à 0.90 de circonf., id. . . .	»	52	
444	— — de 0.91 à 1.00 de circonf., id. . . .	»	55	
445	— — de 1.01 à 1.10 de circonf., id. . . .	»	58	
446	— — de 1.11 à 1.15 de circonf., id. . . .	»	61	
447	— — ae 1.16 à 1.25 de circonf., id. . . .	»	64	
448	— — de 1.26 à 1.50 de circonf., id. . . .	»	67	

Transplantation d'arbres et arbustes en bacs.

Transplantation d'arbres et arbustes en bacs, comprenant : arrachage, fourniture et façon du bac, fourniture du matériel nécessaire à l'exécution du travail, façon de tranchées ou rampes d'accès pour la sortie et la mise en place de l'arbre, transport jusqu'à la distance de 10 mètres, non compris le haubannage.

Transplantation d'arbres et arbustes en bacs du diamètre intérieur :

N°s d'ordre.	NATURE ET QUANTITÉ DES OUVRAGES ET FOURNITURES.	PRIX D'UNITÉ.		NOTES.
449	— — de 0.50 à 0.59, la pièce. .	8	50	
450	— — de 0.60 à 0.69, id. . . .	16	»	
451	— — de 0.70 à 0.79, id. . . .	24	»	

N^{os} d'ordre.	NATURE ET QUANTITÉ DES OUVRAGES ET FOURNITURES.	PRIX D'UNITÉ.		NOTES.
	Transplantation d'arbres et arbustes en bacs du diamètre intérieur :			
452	— — de 0.80 à 0.89, la pièce. .	32	"	
453	— — de 0.90 à 0.99, id.. . .	40	"	
454	— — de 1.00 à 1.09, id.. . .	48	»	
455	— — de 1.10 à 1.19, id.. . .	57	60	
456	— — de 1.20 à 1.29, id.. . .	69	»	
457	— — de 1.30 à 1.39, id.. . .	83	»	
458	— — de 1.40 à 1.49, id.. . .	99	60	
459	— — de 1.50 à 1.59, id.. . .	120	»	
460	— — de 1.60 à 1.69, id.. . .	144	»	
461	— — de 1.70 à 1.79, id.. . .	173	»	
462	— — de 1.80 à 1.89, id.. . .	208	»	
463	— — de 1.90 à 1.99, id.. . .	242	»	
464	— — de 2.00 à 2.20, id.. . .	290	»	
	Transport au delà de 10 mètres d'arbres et arbustes en bacs, sur madriers et roules par 5 mètres sur chemins plats, et 2 mètres ou fraction de 2 mètres sur rampe de plus de 6 centimètres par mètre.			
	Le diamètre intérieur du bac étant :			
465	— — de 0.50 à 0.59, la pièce.	»	60	
466	— — de 0.60 à 0.69, id.. . .	1	»	
467	— — de 0.70 à 0.79, id.. . .	2	"	
468	— — de 0.80 à 0.89, id.. . .	3	"	
469	— — de 0.90 à 0.99, id.. . .	4	"	
470	— — de 1.00 à 1.09, id.. . .	5	»	
471	— — de 1.10 à 1.19, id.. . .	6	"	
472	— — de 1.20 à 1.29, id.. . .	7	"	
473	— — de 1.30 à 1.39, id.. . .	8	"	

N^{os} d'ordre.	NATURE ET QUANTITÉ DES OUVRAGES ET FOURNITURES.	PRIX D'UNITÉ.		NOTES.
	Le diamètre intérieur du bac étant :			
474	— — de 1.40 à 1.49, la pièce. .	9	»	
475	— — de 1.50 à 1.59, id.. . .	10	»	
476	— — de 1.60 à 1.69, id.. . .	11	»	
477	— — de 1.70 à 1.79, id.. . .	12	»	
478	— — de 1.80 à 1.89, id.. . .	13	»	
479	— — de 1.90 à 1.99, id.. . .	14	»	
480	— — de 2.00 à 2.20, id.. . .	15	»	
481	*Observation.* — Pour la transplantation et le transport, au chariot ou en bacs, d'arbres ou arbustes d'un plus grand diamètre, on traitera de gré à gré.			
	Transport d'arbres et arbustes, en bacs, sur voitures.			
482	Le transport, chargement et déchargement d'arbres et arbustes, en bacs, sur voitures, sera traité de gré à gré.			
	Haubannage.			
	Haubannage d'arbres, comprenant la fourniture de pieux en bois dur, fil de fer, colliers de foin ou paille tressés, vieux cuirs, etc.			
483	**Haubannage d'arbres** jusqu'à 0^m30 de circonférence, fil de fer galvanisé, n° 14, la pièce.	3	15	
484	— de 0.31 à 0.45 de circonf., fil n° 15, id. .	3	50	
485	— de 0.46 à 0.60 de circonf., fil n° 16, id. .	4	40	
486	— de 0.61 à 0.80 de circonf., fil n° 18, id. .	7	30	
487	— de 0.81 à 1.00 de circonf., fil n° 20, id. .	11	70	
488	— de 1.01 à 1.20 de circonf., fil n° 21, id. .	14	60	
489	— de 1.21 à 1.50 de circonf., fil n° 22, id. .	18	10	

N.os d'ordre.	NATURE ET QUANTITÉ DES OUVRAGES ET FOURNITURES.	PRIX D'UNITÉ.		NOTES.
490	*Observation.* — Il sera accordé un tiers en plus des prix ci-dessus pour emploi **de cordes en fil de fer galvanisé,** composées de 9 fils, numéros correspondants à ceux du fil de fer.			
	Entourage d'arbres à hautes tiges.			
	Entourage d'arbres à hautes tiges nouvellement plantés, pour les préserver de l'action du soleil, fourniture et emploi de paille ou foin en torons de 4 à 5 centimètres de diamètre roulés en spirale autour de la tige.			
491	**Pour un arbre** jusqu'à 0.30 de circonf., et par mètre de hauteur.	»	62	
492	— de 0.31 à 0.40 de circonf., id. . . .	»	78	
493	— de 0.41 à 0.50 de circonf., id. . . .	»	94	
494	— de 0.51 à 0.60 de circonf., id. . . .	1	10	
495	— de 0.61 à 0.70 de circonf., id. . . .	1	20	
496	— de 0.71 à 0.80 de circonf., id. . . .	1	30	
497	— de 0.81 à 0.90 de circonf., id. . . .	1	39	
498	— de 0.91 à 1.00 de circonf., id. . . .	1	45	
499	— de 1.01 à 1.10 de circonf., id. . . .	1	50	
500	— de 1.11 à 1.20 de circonf., id. . . .	1	56	
501	— de 1.21 à 1.30 de circonf., id. . . .	1	66	
502	— de 1.31 à 1.40 de circonf., id. . . .	1	76	
503	— de 1.41 à 1.50 de circonf., id. . . .	1	86	
	Taille d'arbres et arbustes, de haies, charmilles, etc.			
504	**Taille** de buis en bordure, sur trois faces aux ciseaux, compris enlèvement des détritus, le mètre linéaire.	»	10	

N^{os} d'ordre.	NATURE ET QUANTITÉ DES OUVRAGES ET FOURNITURES.	PRIX D'UNITÉ.		NOTES.
505	**Taille** de **lavande, sauge, thym**, en bordure, sur trois faces aux ciseaux, compris enlèvement des détritus, le mètre linéaire.	»	05	
506	— de **haie de troënes, charmes, thuya**, jusqu'à 1.20 de hauteur, sur trois faces, aux ciseaux, compris enlèvement des détritus, le mètre superficiel.	»	18	
507	— de **haie d'épines**, jusqu'à 1.20 de hauteur, sur trois faces aux ciseaux, compris enlèvement des détritus, le mètre superficiel.	»	25	
508	— de **haie d'épines**, jusqu'à 1.20 de hauteur, **au croissant**, sur trois faces, compris enlèvement des détritus, le mètre superficiel.	»	15	
509	— de **charmilles**, parties **verticales** seulement, jusqu'à la hauteur de 2 mètres, au croissant et cisailles, chaque face, le mètre superficiel. . .	»	12	
510	— de **charmilles**, parties **horizontales**, jusqu'à la hauteur de 2 mètres, au croissant et cisailles, le mètre superficiel.	»	20	
511	**PLUS-VALUE**, pour parties verticales ou horizontales **au-dessus de 2 mètres**, par chaque mètre de hauteur en plus, le mètre superficiel.	»	05	
512	*Observation.* — **Le redressement** d'anciennes **haies, charmilles, allées de tilleuls**, etc., sera traité de gré à gré.			

Palissage et taille d'arbres et arbustes.

N^{os} d'ordre.	NATURE ET QUANTITÉ DES OUVRAGES ET FOURNITURES.	PRIX D'UNITÉ.		NOTES.
513	**Palissage et taille** d'arbustes grimpants sur **treillage ou grillage**, jusqu'à 1.50 de hauteur, le mètre superficiel.	»	35	

N°s d'ordre.	NATURE ET QUANTITÉ DES OUVRAGES ET FOURNITURES.	PRIX D'UNITÉ.		NOTES.
514	**Palissage et taille** d'arbustes grimpants sur **treillage ou grillage**, de 1.55 à 4.00 de hauteur, le mètre superficiel.	»	50	
515	**Palissage et taille** d'arbustes grimpants sur **mur**, les branches espacées de 8 centimètres et jusqu'à 1.50 de hauteur, le mètre superficiel.	»	80	
516	**Palissage et taille** d'arbustes grimpants sur **mur**, les branches espacées de 15 centimètres et jusqu'à 1.50 de hauteur, le mètre superficiel.	»	45	
517	**Palissage et taille** d'arbustes grimpants sur **mur**, les branches espacées de 8 centimètres depuis 1.55 jusqu'à 4.00 de hauteur, le mètre superficiel.	»	95	
518	**Palissage et taille** d'arbustes grimpants sur **mur**, les branches espacées de 15 centimètres, depuis 1.55 et jusqu'à 4.00 de hauteur, le mètre superficiel.	»	60	
519	**Palissage et taille** d'arbres fruitiers sur mur, jusqu'à 1.50 de hauteur, le mètre superficiel.	»	75	
520	**Palissage et taille** d'arbres fruitiers sur mur, depuis 1.55 jusqu'à 4.00 de hauteur, le mètre superficiel. . . .	»	95	
521	**Palissage et taille** d'arbres fruitiers sur treillage, jusqu'à 1.50 de hauteur, le mètre superficiel.	»	35	
522	**Palissage et taille** d'arbres fruitiers sur treillage, depuis 1.55 jusqu'à 4.00 de hauteur, le mètre superficiel. . . .	»	50	
523	*Observation.* — Pour **palissage et taille** sur **mur** ou sur **treillage**, au-dessus de 4.00 de hauteur, on traitera de gré à gré.			

N°ˢ d'ordre.	NATURE ET QUANTITÉ DES OUVRAGES ET FOURNITURES.	PRIX D'UNITÉ.		NOTES.

Chevillage de gazon.

524	**Chevillage de gazon** plaqué, en bordures inclinées, ou en talus, comprenant main-d'œuvre et fourniture des **chevilles seulement**, par 30 chevilles au mètre en moyenne, le mètre superficiel.	»	60	

CHAPITRE VII

Travaux divers

COMPRENANT TOUTE FOURNITURE ET MAIN-D'ŒUVRE

OBSERVATION GÉNÉRALE. — Les prix de règlement se composent :

1° Des déboursés pour la fourniture ;
2° Des frais de transport ;
3° Des déboursés pour la main-d'œuvre ;
4° De la valeur locative du matériel ;
5°. Des faux frais ;
6° Du bénéfice ;
7° Des intérêts d'avances de fonds.

Drainage.

Comprenant **ouverture** et **fermeture** des tranchées, **fourniture** et **pose** des tuyaux et manchons.

525	**Drainage**, en tuyaux de terre cuite de 0.05 et 0.08 de diamètre, les grands servant de manchons, jusqu'à 0.75 de profondeur dans la **terre facile**, le mètre linéaire.	1	»	
526	— en tuyaux de terre cuite de 0.05 et 0.08 de diamètre, les grands servant de manchons, jusqu'à 0.75 de profondeur dans la **terre glaiseuse**, le mètre linéaire.	1	20	

N°s d'ordre.	NATURE ET QUANTITÉ DES OUVRAGES ET FOURNITURES.	PRIX D'UNITÉ.		NOTES.
527	**Drainage**, en tuyaux de terre cuite de 0.08 et 0.12 de diamètre, les grands servant de manchons, jusqu'à 0.75 de profondeur dans la **terre facile**, le mètre linéaire.	1	30	
528	— en tuyaux de terre cuite de 0.08 et 0.12 de diamètre, les grands servant de manchons, jusqu'à 0.75 de profondeur dans la **terre glaiseuse**, le mètre linéaire.	1	50	

Semis de gazons.

Comprenant : la fourniture de la graine, l'enfouissement à la herse ou au rateau et cylindrage.

N°s d'ordre.	NATURE ET QUANTITÉ DES OUVRAGES ET FOURNITURES.	PRIX D'UNITÉ.		NOTES.
529	**Semis** de graines de gazon dit **ray-grass, épuré**, le mètre superficiel.	»	12	
530	— de graines de gazon, mélange dit **lawn grass d'Écosse**, le mètre superficiel.	»	17	
531	— de graine de **foin épurée pour prairie**, le mètre superficiel.	»	09	
532	— de graine de **foin de prairie, non épurée**, le mètre superficiel.	"	05	
533	— de sous-bois en graminées, **mélange dit de sous-bois**, le mètre superficiel.	"	19	
534	— en **graines choisies** et **triées** pour **terre glaiseuse**, le mètre superficiel.	"	25	
535	— en **graines choisies** et **triées** pour **terrain sec**, le mètre superficiel.	"	25	
536	*Observation.* — Toute bordure de moins de 0.50 de largeur sera comptée double, à partir de 0.50 elle sera comptée pour un mètre.			

N^{os} d'ordre.	NATURE ET QUANTITÉ DES OUVRAGES ET FOURNITURES.	PRIX D'UNITÉ.		NOTES.
	Plantation d'arbustes et palissage en bordure.			
	Comprenant toutes fournitures, arbustes, crochets et main-d'œuvre.			
537	**Plantation et palissage de lierres** en bordure de 0^{m}30 de largeur, le mètre linéaire.	2	50	
538	— en bordure de 0.40 de largeur, le mètre linéaire.	3	25	
539	— en bordure de 0.50 de largeur, le mètre linéaire.	3	75	
540	— en bordure de largeurs supérieures, à 0.50 le mètre superficiel.	7	50	
541	**Plantation et palissage de fusains verts ordinaires** en bordure de 0.35 de largeur, le mètre linéaire.	3	25	
542	— en bordure de 0.45 de largeur, le mètre linéaire.	4	»	
543	— en bordure de 0.60 de largeur, le mètre linéaire.	6	25	
544	**Plantation et palissage de fusains radicans verts** en bordure de 0.35 de largeur, le mètre linéaire..	3	75	
545	— en bordure de 0.45 de largeur, le mètre linéaire.	4	75	
546	— en bordure de 0.60 de largeur, le mètre superficiel..	7	20	
547	**Plantation et palissage de fusains radicans panachés** en bordure de 0.25 de largeur, le mètre linéaire.	4	50	
548	— en bordure de 0.35 de largeur, le mètre linéaire.	5	75	
549	— en bordure de 0.45 de largeur, le mètre linéaire.	7	»	
550	— en bordure de 0.55 de largeur, le mètre linéaire.	8	25	

N⁰ˢ d'ordre.	NATURE ET QUANTITÉ DES OUVRAGES ET FOURNITURES.	PRIX D'UNITÉ.		NOTES.

Constructions rustiques.

Constructions de rochers, cascades, grottes, ponts, gués, barrages, etc., compris toutes fournitures et main-d'œuvre.

N⁰ˢ d'ordre.	NATURE ET QUANTITÉ	PRIX		NOTES
551	En **meulière** ou **caillasse de choix**, sortant de carrière, hourdé en mortier de ciment romain à prise rapide et sable de rivière ou de carrière, lavé, le mètre cube.	80	»	
552	En **meulière** ou **caillasse de choix, mousseuse ou noircie par le temps**, hourdé en mortier de ciment à prise rapide et sable de rivière ou de carrière, lavé, le mètre cube.	95	»	
553	En **grès de choix**, sortant de carrière, hourdé en mortier de ciment à prise rapide et sable de rivière, ou de carrière, lavé, le mètre cube.	100	»	
554	En **grès de choix mousseux ou noirci par le temps**, hourdé en mortier de ciment à prise rapide et sable de rivière ou de carrière, lavé, le mètre cube.	115	»	
555	*Observation.* — Il sera alloué un cinquième en plus pour toute construction de moins de 5 mètres cubes.			

Massif en béton pour fondations de rochers et fabriques.

N⁰ˢ d'ordre	NATURE ET QUANTITÉ	PRIX		NOTES
556	**Béton** composé de 66 parties de cailloux lavés, et 34 parties de mortier (*mortier composé de 66 parties de sable de rivière (ou de carrière, lavé.) et 34 parties de chaux hydraulique première marque du bassin de Paris*), le mètre cube. . . .	22	50	
557	**Béton** composé de 66 parties de meulière concassée et 34 parties de mortier (*mortier composé de 66 parties de sable de rivière (ou de carrière, lavé,) et 34 parties de ciment à prise lente du bassin de Paris*), le mètre cube.	31	50	

N⁰ˢ d'ordre.	NATURE ET QUANTITÉ DES OUVRAGES ET FOURNITURES.	PRIX D'UNITÉ.		NOTES.
558	*Observation.* — Les prix des numéros 556 et 557 ne sont applicables qu'à des ouvrages ayant au moins 0ᵐ30 d'épaisseur.			
	Bétons pour rivières et pièces d'eau.			
	Béton composé de 66 parties de cailloux lavés, et 34 parties de mortier (*mortier composé de 66 parties de sable de rivière (ou de carrière, lavé,) et 34 parties de chaux hydraulique, première marque du bassin de Paris*).			
559	Sur 0.15 d'épaisseur, le mètre superficiel.	4	85	
560	Sur 0.20 — id.	5	75	
561	Sur 0.25 — id.	6	50	
562	Sur 0.30 — id..	7	25	
563	*Observation.* — Une plus-value du quart sera appliquée aux numéros 559 à 562, pour emploi dans le béton de meulière concassée.			
	Béton composé de 66 parties de cailloux lavés, et 34 parties de mortier (*mortier composé de 66 parties de sable de rivière (ou de carrière, lavé,) et 34 parties de ciment à prise lente du bassin de Paris*).			
564	Sur 0.10 d'épaisseur, le mètre superficiel.	4	05	
565	Sur 0.15 — id.	5	75	
566	Sur 0.20 — id.	7	20	
567	Sur 0.25 — id.	8	65	
568	*Observation.* — Une plus-value du quart sera appliquée aux numéros 564 à 567 pour emploi dans le béton de meulière concassée.			
	Enduits de rivières, pièces d'eau et bassins.			
569	**Enduit n⁰ 1,** en mortier composé de 66 parties de sable de rivière (*ou de carrière, lavé*), tamisé, et de 34 parties de **chaux hydraulique**, première marque du bassin de Paris, épaisseur de 0,025 à 0,040ᵐ/ₘ, le mètre superficiel.	2	90	

N°s d'ordre.	NATURE ET QUANTITÉ DES OUVRAGES ET FOURNITURES.	PRIX D'UNITÉ.		NOTES.
570	**Enduit n° 2,** composé de 66 parties de sable tamisé de rivière (*ou de carrière, lavé*), et 34 parties de **ciment à prise lente du bassin de Paris,** épaisseur de 0^m025 à $0.040^m/_m$, le mètre superficiel..	4	20	
571	**Enduit n° 3,** composé de 66 parties de sable tamisé, de rivière (*ou de carrière, lavé*), et 34 parties de **ciment de Boulogne, première marque Lonquéty et Cie,** épaisseur de 0^m025 à $0.040^m/_m$, le mètre superficiel.	5	10	
572	**Enduit n° 4,** composé de 66 parties de sable tamisé de rivière (*ou de carrière, lavé*), et 34 parties de **chaux hydraulique de Saint-Quentin,** épaisseur de 0^m025 à $0.040^m/_m$, le mètre superficiel.	5	60	

CHAPITRE VIII

Fourniture d'arbres et arbustes forestiers, d'ornement et fruitiers

OBSERVATION GÉNÉRALE. — Les prix de règlement se composent :

1° Des déboursés pour la fourniture ;
2° Des frais de transport ;
3° De la garantie de reprise des végétaux ;
4° Du bénéfice ;
5° Des intérêts d'avances de fonds.

N°° d'ordre.	NATURE ET QUANTITÉ DES OUVRAGES ET FOURNITURES.	PRIX D'UNITÉ.		NOTES.
	Fourniture d'arbres à hautes tiges à feuilles caduques ayant en moyenne 2 mètres de hauteur sans branches :			
573	de 0.10 à 0.14 de circonférence, la pièce.	2	»	
574	de 0.15 à 0.18 — id.	3	»	
575	de 0.19 à 0.22 — id.	5	75	
576	de 0.23 à 0.25 — id.	9	50	
577	de 0.26 à 0.28 — id.	17	»	
578	de 0.29 à 0.32 — id.	25	»	
579	de 0.33 à 0.35 — id.	34	»	
580	de 0.36 à 0.38 — id.	43	»	
581	de 0.39 à 0.42 — id.	53	»	
582	de 0.43 à 0.45 — id.	65	»	
583	*Observation.* — Les fournitures d'arbres à hautes tiges de force supérieure, seront traitées de gré à gré.			
	Fourniture de petits arbres à tiges, dits baliveaux			
584	de 0.07 à 0.09 de circonférence, la pièce.	1	»	
	Fourniture d'arbustes à feuilles caduques.			
585	**Touffes** de 3 à 5 branches et jusqu'à 0.80 de haut., la pièce.	»	60	
586	— de 5 à 7 — 1.25 id.. . . .	»	75	
587	— de 7 à 10 — 1.50 id.. . . .	1	»	
588	*Observation.* — Les prix des numéros 585 à 587 s'appliquent aux arbustes dont les noms suivent : **Lilas — Sureaux — Tamarins — Boule-de-Neige — Chamœcerasus — Épines-vinettes — Sumacs — Seringas — Cornouillers — Faux-Ébéniers — Symphorines — Spirea — Ribès — Merisiers à grappes — Arbres de Judée — Broussonetia papyrifera — Hippophæ-Rhamnoïdes — Sainte-Lucie.**			

N°ˢ d'ordre.	NATURE ET QUANTITÉ DES OUVRAGES ET FOURNITURES.	PRIX D'UNITÉ.		NOTES.
589	*Observation.* — Les prix d'arbustes à feuilles caduques, de force supérieure ou d'espèces non indiquées au n° 588, seront traités de gré à gré.			
	Fourniture d'arbustes à feuilles persistantes.			
	Fusain vert du Japon :			
590	Jusqu'à 0.50 de hauteur, la pièce..	1	50	
591	— 0.75 — id.	2	25	
592	— 1.00 — id.	3	»	
	Laurier-amande, Laurier de la Colchide et Laurier du Caucase :			
593	Jusqu'à 1.00 de hauteur, la pièce.	1	50	
594	— 1.50 — id.	2	30	
595	— 2.00 — id.	3	25	
	Troëne du Japon et de Californie :			
596	Jusqu'à 1.00 de hauteur, la pièce.	1	25	
597	— 1.40 — id.	1	75	
598	— 1.75 — id.	2	25	
	Alaterne vert, en pots :			
599	Jusqu'à 0.75 de hauteur, la pièce.	1	25	
600	— 1.00 — id.	1	75	
601	— 1.25 — id.	2	30	
	Cratægus glabra, en pots :			
602	Jusqu'à 0.75 de hauteur, la pièce.	1	25	
603	— 1.00 — id.	1	75	
604	— 1.25 — id.	2	25	

N^{os} d'ordre.	NATURE ET QUANTITÉ DES OUVRAGES ET FOURNITURES.	PRIX D'UNITÉ.		NOTES.
	Laurier-tin, en pots :			
605	Jusqu'à 0.40 de hauteur, la pièce.	1	50	
606	— 0.60 — id.	2	50	
607	— 0.80 — id.	3	50	
	Mahonia, en pots :			
608	Jusqu'à 0.40 de hauteur, la pièce.	1	25	
609	— 0.60 — id.	1	50	
610	— 0.80 — id.	1	75	
	Buisson ardent, en pots :			
611	Jusqu'à 0.40 de hauteur, la pièce.	1	50	
612	— 0.60 — id.	1	75	
613	— 0.80 — id.	2	50	
	Cotoneaster, en pots :			
614	Jusqu'à 0.40 de hauteur, la pièce.	1	25	
615	— 0.60 — id.	1	85	
616	— 0.80 — id.	2	50	
	Aucuba, en pots :			
617	Jusqu'à 0.40 de hauteur, la pièce.	1	50	
618	— 0.60 — id.	2	»	
619	— 0.80 . — id.	3	50	
	Buis ordinaire, en tontines :			
620	Jusqu'à 0.50 de hauteur, la pièce.	1	50	
621	— 0.75 — id.	2	25	
622	— 1.00 — id.	3	25	

N^{os} d'ordre.	NATURE ET QUANTITÉ DES OUVRAGES ET FOURNITURES.	PRIX D'UNITÉ.		NOTES.
	Buis de Mahon :			
623	Jusqu'à 0.40 de hauteur, la pièce.	1	75	
624	— 0.60 — id.	2	50	
625	— 0.80 — id.	3	50	
626	*Observation.* — Les prix d'arbustes, à feuilles persistantes, de force supérieure ou d'autres espèces, seront traités de gré à gré.			
	Fourniture de Rosiers.			
	Fourniture de rosiers francs de pied ou greffés rez terre, à racines nues :			
627	de 1 an de greffe ou 2 ans de bouture, la pièce.	1	»	
628	de 2 ans — 3 — id.	1	25	
629	de 3 ans — 4 — id.	1	50	
	Fourniture de rosiers tiges, de 0.40 à 0.70 de hauteur, à racines nues.			
630	de 1 an de greffe, la pièce.	3	25	
631	de 2 ans — id.	3	50	
632	de 3 ans — id.	3	75	
	Fourniture de rosiers tiges, de 0.80 à 1.00 de hauteur, à racines nues.			
633	de 1 an de greffe, la pièce.	3	50	
634	de 2 ans — id.	3	75	
635	de 3 ans — id.	4	50	
	Fourniture de rosiers tiges, de 1.10 à 1.30 de hauteur, à racines nues.			
636	de 1 an de greffe, la pièce.	3	75	
637	de 2 ans — id.	4	»	
638	de 3 ans — id.	5	»	

N°s d'ordre.	NATURE ET QUANTITÉ DES OUVRAGES ET FOURNITURES.	PRIX D'UNITÉ.		NOTES.
	Fourniture de rosiers tiges de 1.40 à 1.60 de hauteur, à racines nues :			
639	de 1 an de greffe, la pièce..	4	»	
640	de 2 ans — id..	4	25	
641	de 3 ans — id..	5	50	
642	*Observation.* — Les rosiers cultivés en pots seront payés un tiers en plus des prix des numéros 627 à 641.			
	Fourniture de plantes grimpantes.			
	Fourniture de Lierre d'Irlande, en pots :			
643	de 3 à 5 branches, jusqu'à 1.00 de hauteur, la pièce.. . .	1	25	
644	de 3 à 5 — 1.50 — id..	1	50	
645	de 3 à 5 — 2.00 — id..	2	»	
646	de 3 à 5 de 2.50 à 3.00 — id..	3	»	
	Fourniture de Glycines, en pots :			
647	Jusqu'à 1.00 de hauteur, la pièce.	1	50	
648	de 1.50 à 2.00 — id	1	75	
649	de 2.50 à 3.00 — id	2	50	
	Fourniture de Vignes vierges, en pots :			
650	Jusqu'à 1.50 de hauteur, la pièce..	1	50	
651	de 2.00 à 3.00 — id	1	75	
652	de 3.50 à 4.00 — id	2	50	
	Fourniture de Jasmins, en pots :			
653	Jusqu'à 0.60 de hauteur, la pièce..	1	50	
654	de 0.75 à 1.00 — id	1	75	
655	de 1.25 à 1.50 — id	2	50	

N°s d'ordre.	NATURE ET QUANTITÉ DES OUVRAGES ET FOURNITURES.	PRIX D'UNITÉ.		NOTES.
	Fourniture de chèvrefeuilles, en pots :			
656	Jusqu'à 1.00 de hauteur, la pièce..	1	50	
657	de 1.50 à 2.00 — id.	1	75	
658	de 2.50 à 3.00 — id.	2	50	
	Fourniture de Bignonia radicans, en pots :			
659	Jusqu'à 1.50 de hauteur, la pièce.	1	50	
660	de 2.00 à 3.00 — id.	1	75	
661	de 3.50 à 4.00 — id.	2	50	
	Fourniture d'Aristoloches, en pots :			
662	Jusqu'à 1.50 de hauteur, la pièce.	1	50	
663	de 2.00 à 3.00 — id..	1	75	
664	de 3.50 à 4.00 — id..	2	50	
	Fourniture de buis nain, pour bordures :			
665	**La botte** de 1.00 de circonférence, 1ᵉʳ choix	2	»	
	Fourniture de plant d'épine, pour haies :			
666	plant de 2 ans, le mille..	15	»	
667	— de 3 ans, id.	20	»	
668	— de 4 ans, id.	30	»	
669	*Observation.* — Les prix des arbres ou arbustes de choix, tels que **Pêchers** et **Pommiers** à fleurs doubles, **Acacias roses greffés**, — **Poiriers du Japon**, **Amandiers** à fleurs doubles, — **Coignassiers du Japon** ou de la Chine, — **Wegelia rosea**, — **Ceanothes** d'Amérique, — **Deutzia** variés, etc., etc. **Houx communs**, — **Houx panachés**, — **Fusains dorés** ou **argentés**, — **Magnolias**, — **Azalées** de pleine terre, — **Kalmias**, — **Rhododendrons**, etc., ainsi que ceux des **Conifères ordinaires** ou de **choix** seront traités de gré à gré.			

Nᵒˢ d'ordre.	NATURE ET QUANTITÉ DES OUVRAGES ET FOURNITURES.	PRIX D'UNITÉ.		NOTES.
	Fourniture d'arbres fruitiers.			
	Fourniture d'arbres fruitiers à hautes tiges, **Abricotiers — Cerisiers — Poiriers — Pommiers — Pruniers — Coignassiers**, etc., etc.			
670	Têtes ou greffes de 2 ans, la pièce..	2	50	
671	— de 3 ans, id.	3	50	
672	— de 4 ans, id.	5	»	
	Fourniture d'arbres fruitiers, **greffés** pour **espalier, contre-espalier, cordons, pyramides, fuseaux et vases.**			
	Abricotiers — Cerisiers — Pêchers — Poiriers Pommiers — Pruniers.			
673	Greffe de 1 an, la pièce.	1	25	
674	— de 2 ans, pour obliques.	1	75	
	Fourniture d'arbres fruitiers formés par la taille.			
675	**Abricotiers** palmettes à 2 séries de branches, la pièce..	4	»	
676	— — à 3 séries — id.	6	50	
677	**Pêchers** palmettes à 2 séries de branches, la pièce.	4	»	
678	— — à 3 séries — id.	6	50	
679	**Poiriers** fuseaux de 2 ans, la pièce..	1	75	
680	— — de 3 ans, id.	2	25	
681	— — de 4 ans, id.	3	»	
682	— pyramides de 2 ans, id.	1	75	
683	— — de 3 ans, id.	2	75	
684	— — de 4 ans, id.	5	»	
685	— — de 5 ans, id.	8	»	

N°ˢ d'ordre.	NATURE ET QUANTITÉ DES OUVRAGES ET FOURNITURES.	PRIX D'UNITÉ.		NOTES.
686	**Poiriers** palmettes à 2 séries, id.	3	50	
687	— — à 3 séries, id.	4	50	
688	— — à 4 séries, id.	6	»	
689	**Pommiers** cordons horizontaux, de 2 ans, la pièce. . . .	1	50	
690	— — — de 3 ans, id..	2	»	
691	— palmettes à 2 séries, la pièce.	3	50	
692	— — à 3 séries, id.	4	50	
693	— — à 4 séries, id.	6	»	
694	**Pruniers** palmettes à 2 séries, la pièce.	3	50	
695	— — à 3 séries, id.	4	50	
696	— — à 4 séries, id.	6	»	
697	**Cerisiers** pyramides de 2 ans, la pièce.	2	»	
698	— — de 3 ans, id.	3	»	
699	— palmettes à 2 séries, la pièce..	3	50	
700	— — à 3 séries, id.	4	50	
701	— — à 4 séries, id.	6	»	

Fourniture de Vignes pour espaliers, Chasselas de Fontainebleau et Madeleine noire.

N°ˢ d'ordre.	NATURE ET QUANTITÉ	PRIX D'UNITÉ.		NOTES.
702	**Vignes** en chevelée, la pièce..	»	75	
703	— en pot ou **panier**, la pièce.	1	75	
704	**Fourniture de Framboisiers**, à racines nues, la pièce.	»	30	
705	— **de Groseillers**, touffes de 2 ans, la pièce.	»	60	
706	— — — de 4 ans, id. . . .	»	80	
707	*Observation* — Pour les arbres fruitiers dont la force, les espèces ou les formes ne sont pas données dans les numéros 670 à 706, on traitera de gré à gré.			

8

N^{os} d'ordre.	NATURE ET QUANTITÉ DES OUVRAGES ET FOURNITURES.	PRIX D'UNITÉ.	NOTES.

CHAPITRE IX

Entretien des Jardins

Entretien, réception et solde de travaux.

708	**L'entretien** des Jardins est toujours aux frais du propriétaire, même pendant les travaux.		
709	**Les frais d'entretien**, pendant les travaux et jusqu'à leur réception définitive, étant variables suivant la nature du sol, la facilité des arrosages, l'importance et la durée des travaux, **seront traités de gré à gré.**		
710	Dans le cas où **aucune convention** ne sera intervenue, l'entrepreneur sera tenu à l'entretien des travaux et fournitures dont il est garant jusqu'à leur réception.		
	A défaut de convention, l'indemnité minimum à allouer à l'entrepreneur pour frais d'entretien sera de :		
711	10 pour cent pour les travaux, jusqu'à 2,000 francs.		
712	9 — — — 3,000 —		
713	8 — — — 4,000 —		
714	6 1/2 — — — 5,000 —		
715	5 1/2 — — — 10,000 —		
716	5 — — — 20,000 —		
717	4 — — — 30,000 —		
718	3 — — — 50,000 —		
719	2 1/2 — — — 75,000 —		
720	2 1/2 — — — 100,000 —		
721	1 1/2 — — au-dessus de 100,000 —		

N^{os} d'ordre.	NATURE ET QUANTITÉ DES OUVRAGES ET FOURNITURES.	PRIX D'UNITÉ.	NOTES.
722	*Observations.* — **Les frais d'entretien** ne sont applicables qu'aux travaux comprenant les plantations et les semis.		
723	— **La durée de la garantie,** par suite de l'entretien obligatoire pour l'entrepreneur, de ses travaux et fournitures, sous la réserve de l'**application des numéméros 711 à 721** est **d'une année,** à partir de l'**achèvement des plantations.**		
724	— **La réception définitive** des travaux est **de droit** à cette époque.		
725	— **La retenue** à effectuer, pour **garantie,** sur les sommes dues à l'entrepreneur, ne doit, à moins de conventions spéciales, être supérieure **au dixième de la valeur des semis et plantations;** ladite retenue doit être soldée à l'expiration des délais de garantie.		

CHAPITRE X

Honoraires et Indemnités

Frais de voyages.

726	**Les frais de chaque voyage,** au lieu des travaux, seront toujours **payés à part;** ils seront basés sur les tarifs des chemins de fer, 1re classe, et des voitures de place de Paris.		

N^{os} d'ordre.	NATURE ET QUANTITÉ DES OUVRAGES ET FOURNITURES.	PRIX D'UNITÉ.		NOTES.

N° d'ordre.	NATURE ET QUANTITÉ DES OUVRAGES ET FOURNITURES.	PRIX D'UNITÉ.		NOTES.
	Vacations.			
727	Les **visites** ou **opérations** sur le terrain, donneront lieu à des indemnités pour vacation.	»	»	
728	**Chaque vacation** sera de trois heures ou fraction de trois heures, et sera payée.	8	»	
729	**Chaque journée** entière comptera pour quatre vacations et sera payée.	32	»	
	Relevés de plans ou états de lieux comprenant toutes les données nécessaires à l'étude du projet.			
	Il sera alloué pour une propriété de n'importe quelle contenance et			
730	jusqu'à 10,000 mètres à l'échelle de $5^m/_m$ pour un mètre. . .	60	»	
731	— 20,000 — de $4^m/_m$ id..	85	»	
732	— 30,000 — de $4^m/_m$ id..	110	»	
733	— 40,000 — de $4^m/_m$ id..	135	»	
734	— 50,000 — de $2^m/_m$ id..	160	»	
735	*Observations.* — **Pour toute propriété au-dessus de 5 hectares** (50,000 mètres), il sera alloué par chaque hectare, ou fraction d'hectare, en plus.	20	»	
736	— Aux prix des numéros 730 à 735 seront toujours ajoutés les frais de voyages et le temps de route, ce dernier estimé en vacations.			

N^{os} d'ordre.	NATURE ET QUANTITÉ DES OUVRAGES ET FOURNITURES.	PRIX D'UNITÉ.		NOTES.

Études de projets.

Comprenant : un plan mis au net et lavé en couleur, un d°, aux traits, profils et cotes.

Pour une propriété de toute contenance et

N°	Description	Prix		Notes
737	jusqu'à 10,000 mètres à l'échelle de $5^m/_m$ pour un mètre. . .	100	»	
738	— 20,000 — de $4^m/_m$ id.	160	»	
739	— 30,000 — de $4^m/_m$ id.	200	»	
740	— 40,000 — de $4^m/_m$ id.	230	»	
741	— 50,000 — de $2^m/_m$ id.	250	»	
742	Au-dessus de 5 hectares et jusqu'à 10 hectares, il sera alloué, par chaque hectare ou fraction, en plus.	20	»	
743	Au-dessus de 10 hectares et jusqu'à 20 hectares ou fraction, en plus.	15	»	
744	Au-dessus de 20 hectares et jusqu'à 50 hectares ou fraction, en plus.	10	»	
745	Au-dessus de 50 hectares par hectare ou fraction, en plus. .	5	»	

Vérifications, règlements de travaux, expertises, métrés.

Pour vérifications ou **expertises** et règlements de mémoires, il sera alloué :

N°	Description			
746	**Pour une dépense** jusqu'à 5,000 francs, 3 pour 100.			
747	**Pour une dépense** au-dessus de 5,000 francs, 2 pour 100.			
748	**Pour toute dépense** inférieure à 500 francs, il sera alloué en plus, 8 francs.			

N^{os} d'ordre.	NATURE ET QUANTITÉ DES OUVRAGES ET FOURNITURES.	PRIX D'UNITÉ.	NOTES.
749	**Pour toutes vérifications ou expertises** de travaux situés hors de Paris, il sera alloué, pour faux frais et par chaque journée de déplacement. . . . . 8 fr.		
750	Pour une demi-journée . . . . 4 fr.		
751	NOTA : *Les frais de voyage (déboursés) seront toujours payés en plus.*		
752	**Les rapports d'expertises, copies de règlements**, etc., sur papier timbré, seront payés, par chaque rôle de 25 lignes à la page . . . . 3 fr.		
	Pour métrés et expéditions de travaux il sera alloué :		
753	**Pour un mémoire**, jusqu'à 1,000 francs, 2 1/2 pour 100.		
754	**Pour un mémoire** au-dessus de 1,000 francs, et jusqu'à 5,000 francs, 2 pour 100.		
755	**Pour un mémoire** au-dessus de 5,000 francs, 1 1/2 p. 100.		
756	*Les frais de voyage (déboursés), aller et retour, et les faux frais, comme aux numéros 749 à 751.*		

TABLE DES MATIÈRES

FIN DE LA TABLE DES MATIÈRES.

Paris. — Imp. E. CAPIOMONT et V. RENAULT, rue des Poitevins, 6.

EXTRAIT DU CATALOGUE DE LA LIBRAIRIE

ANANAS A FRUIT COMESTIBLE. — Culture actuelle comparée à l'ancienne culture, suivie d'une notice sur la culture forcée du fraisier, par GONTIER. 1 vol. in-32, orné de 13 fig. dans le texte et hors texte. 3 fr.

ARBORICULTURE DES ÉCOLES PRIMAIRES, ou *Notions d'arboriculture fruitière* mises à la portée des enfants, par J. BRÉMOND, 3e édit., 2e tirage. 1 vol. in-18 et atlas de 107 fig. 2 fr.

Approuvé par la Commission des bibliothèques scolaires.

ARBRES FRUITIERS. — Conseils sur le choix, la culture et la taille des arbres fruitiers, pouvant convenir aux provinces du nord, de l'est, de l'ouest et du centre de la France, par le comte DE LAMBERTYE. In-18, orné de 33 figures. 1 fr.

Approuvé par la Commission des bibliothèques scolaires.

ASPERGES (*Semis, plantation et culture des*). Méthode d'Argenteuil, etc., par BOSSIN, 4e édit., revue et corrigée par l'éditeur. 1 vol. in-18 avec fig. 1 fr.

ASPERGES. — Culture ordinaire et forcée; semis, plantation et cueillette, par LENORMAND. 1 vol. in-32, orné de 4 fig. hors texte et une planche modèle pour la plantation. 1 fr. 25

BOTANISTE ET HERBORISTE (*Petit Manuel du*), donnant la description de 220 plantes officinales, suivi de principes de médecine, de pharmacie, d'hygiène et d'économie domestique, etc., par L. T., F. M. et P. M. 3e édit., revue et corrigée par l'éditeur. 1 vol. in-18 orné de 80 fig. dans le texte. 2 fr. 50

BOUTURER, GREFFER, MARCOTTER ET SEMER (*Guide pour*) les plantes d'ornement, annuelles ou vivaces, arbres et arbustes, extrait en partie du *Jardin fleuriste*, par LEMAIRE, LEQUIEN, le vicomte DU BUYSSON, etc., 3e édition, revue et complétée par l'éditeur. In-18 orné de 35 fig. 1 fr.

CACTÉES. — Leur culture, suivie d'une description des principales espèces et variétés, par PALMER. 1 vol. in-18, orné de 33 fig. 2 fr.

CANNA. — Histoire, culture et multiplication, suivie d'une monographie des espèces et des variétés principales, par CHATÉ. 1 vol. in-32, orné d'une fig. hors texte. 1 fr. 50

CHAMPIGNON. — Sa culture en plein air, dans les caves et dans les carrières, par LAIZIER. 1 vol. in-32, orné de 7 fig. hors texte. 60 c.

CHAMPIGNONS (*Culture des*), avec l'indication d'une nouvelle méthode pour en obtenir en tous lieux par l'emploi de la mousse, par SALLE, 5e édit., revue et complétée par l'éditeur. 1 vol. in-18, orné de 20 fig. dans le texte. 1 fr.

CHAMPIGNON COMESTIBLE. — Instructions pratiques sur sa culture, par JACQUIN aîné. In-18 de 24 pages. 60 c.

CHAMPIGNONS COMESTIBLES ET VÉNÉNEUX DE FRANCE. — Guide pour les reconnaître, par ELOFFE (KRŒNISHFRANCK). 1 vol. in-32, orné de 11 planches donnant la figure de 114 champignons coloriés. 5 fr.

CINÉRAIRES. — Culture et multiplication, par CHATÉ. 1 vol. in-32, orné d'une fig. hors texte. 50 c.

CONIFÈRES DE PETITES ET GRANDES DIMENSIONS. — Classification, description, culture ornementale et forestière, par G. MORLET, horticulteur. 1 vol. in-18. 3 fr. 50

ENTOMOLOGIE HORTICOLE, comprenant l'histoire des insectes nuisibles à l'horticulture, avec l'indication des moyens propres à les éloigner ou à les détruire, et l'histoire des insectes et autres animaux utiles aux cultures, par le docteur BOISDUVAL. 1 vol. in-8, orné de 175 fig. dans le texte. 6 fr.

Couronné par la Société centrale d'horticulture de France et la Société d'horticulture d'Épernay. (Médaille de vermeil, 1879.)

FLEURS DE PLEINE TERRE ET DE FENÊTRES. — Conseils sur leur culture, pouvant convenir aux provinces du nord, de l'est, de l'ouest et du centre de la France, par le comte DE LAMBERTYE. 2e édit. In-18. 1 fr.

Approuvé par la Commission des bibliothèques scolaires.

FRAISIER. — Culture en pleine terre suivie d'un choix des meilleures variétés à cultiver, par le comte DE LAMBERTYE. 1 vol. in-18. 1 fr.

Approuvé par la Commission des bibliothèques scolaires.

FRAISIER. — Culture forcée par le thermosiphon, par le comte DE LAMBERTYE. 1 vol. in-18, fig. 1 fr. 25

FUCHSIA. — Histoire et culture, suivies de la description de 540 espèces et variétés, par F. PORCHER, 4e édit. 1 vol. in-18. 2 fr.

GÉRANIUM ET PELARGONIUM. — Multiplication et culture, par MALET et VERLOT. 1 vol. in-32, orné de 10 gravures dans le texte. 1 fr. 25

GIROFLÉES. — Culture et multiplication, suivies d'une description complète de divers modes d'empaillage, par CHATÉ. 1 vol. in-32, orné de 6 fig. hors texte. 1 fr. 25

GRAMINÉES. — Choix et culture des graminées propres à l'ensemencement des pelouses et des prairies, par COURTOIS-GÉRARD. 1 vol. in-32, orné de 19 fig. hors texte. 1 fr.

JARDIN FLEURISTE (le). — Instructions pour la culture des plantes annuelles, bisannuelles, vivaces; plantes à feuilles ornementales; oignons à fleurs; arbres et arbustes, par LEMAIRE, LEQUIEN, BOSSIN, BERNARDIN, CARRIÈRE, vicomte DU BUYSSON, PALMER, PORCHER, RIVIÈRE fils, etc., revue et complété par Auguste Rivière, ex-jardinier en chef du Luxembourg, 4e édit. 1 vol. in-18, orné de 200 figures dans le texte. 3 fr. 50

JARDINAGE. — Éléments de jardinage pouvant convenir aux provinces du nord, de l'est, de l'ouest et du centre de la France, par le comte DE LAMBERTYE. 1 vol. in-18 avec fig. dans le texte. 1 fr.

Approuvé par la Commission des bibliothèques scolaires.

JARDINIER ILLUSTRÉ POUR 1881 (*Le Nouveau*). — Ouvrage pratique pour la culture et la taille des arbres fruitiers; la culture ordinaire et forcée des légumes; la culture des plantes de pleine terre, de serre froide et tempérée, de serre chaude, par MM. HÉRINCQ, LAVALLÉE, NEUMANN, VERLOT, COURTOIS-GÉRARD, PAVARD et BUREL, revu et corrigé par l'éditeur. 1 vol. in-16 de 1.760 pages, orné de 570 figures dans le texte, dessinées par MM. *Courtin, Faguet, Riocreux*, etc. 7 fr.

Approuvé par la Commission des bibliothèques scolaires.

LANTANAS. — Culture et multiplication, par CHATÉ. 1 vol. in-32, orné d'une fig. hors texte. 50 c.

LÉGUMES. — Conseils sur les semis de graines de légumes, offerts aux habitants de la campagne, par le comte DE LAMBERTYE, 4e éd. In-18. 1 fr.

Approuvé par la Commission des bibliothèques scolaires.

LÉGUMES ET FLEURS. — Conseils sur la culture de légumes et de fleurs sous un, deux ou trois châssis, pendant les douze mois de l'année, pouvant convenir aux provinces du nord, de l'est, de l'ouest et du centre de la France, par le comte DE LAMBERTYE. 1 vol. in-18 orné de fig. 50 c.

Approuvé par la Commission des bibliothèques scolaires.

MELON. — Culture simple et précise par laquelle on obtient des melons d'une grosseur extraordinaire, d'une qualité et d'un goût exquis, par DUFOUR DE VILLEROSE. 4e édit. 1 vol. in-18, orné de 23 fig. dans le texte. 1 fr.

Approuvé par la Commission des bibliothèques scolaires.

MELON : *Concombre vert long; Concombre cornichon; Courge à la moelle et Potiron vert d'Espagne.* — Conseils sur leur culture à l'air libre, par le comte DE LAMBERTYE. 1 vol. in-18 orné de figures indicatives pour les tailles. 1 fr.

Approuvé par la Commission des bibliothèques scolaires.

MELON. — Instructions pratiques sur sa culture sous châssis, sous cloche et en pleine terre, par Martin JACQUIN. In-18 de 36 pages. 60 c.

MELON ET CONCOMBRE. — Culture forcée par le thermosiphon, par le comte DE LAMBERTYE. Brochure in-8, fig. 1 fr. 25

PALMIERS (*Les*) de plein air de la France; leur culture, par J.-B. CHABAUD, jardinier-botaniste. 1 vol. in-18, orné de 15 fig. dans le texte. 2 fr.

PHLOX. — Culture et multiplication, par LIERVAL. 1 vol. in-32, orné de 5 fig. hors texte. 1 fr.

PLANTES AQUATIQUES. — Multiplication et culture, par HÉLYE. 1 vol. in-32, orné de 7 grav. dans le texte et hors texte. 1 fr. 50

PLANTES A FEUILLES ORNEMENTALES EN PLEINE TERRE (Les) : *Caladium, Canna, Gynerium, Musa, Solanum, Wigandia*, etc. Botanique et culture, par le comte DE LAMBERTYE. 2 vol. in-18 ornés de fig. et tableaux. 2 fr.

PLANTES MOLLES DE PLEINE TERRE : *Pétunia, Géranium, Pensée, Verveine, Héliotrope.* Culture pratique, par le vicomte F. DU BUYSSON. 1 vol. in-18, fig. 1 fr.

POIRES. — *Quarante Poires* divisées en 4 séries de 10 poires, dont la maturation a lieu pendant les mois de juillet à mai, contenant le nom, la synonymie, la description des poires, de l'arbre, le mode de culture; l'époque de la cueillette du fruit avec la silhouette de chacun et de grandeur naturelle, suivies de considérations sur la culture et la taille du poirier, par P. DE MORTILLET. 3e édit. in-8. 3 fr. 50

POMMES DE TERRE. — Choix, culture ordinaire et forcée : culture hivernale; récolte et conservation, par COURTOIS-GÉRARD. 1 vol. in-32, orné d'une grav. hors texte. 1 fr.

REINE-MARGUERITE (*Culture de la*), par MALINGRE. In-18. 40 c.

ROSIER. — Semis, culture et taille, suivis de la *Taille des Arbustes d'agrément de pleine terre* et de la *Taille de l'Oranger*, par FORNEY, 2e édit. 1 vol. in-18 avec figures. 2 fr.

TOMATE ET HARICOT. — Culture forcée par le thermosiphon, par le comte DE LAMBERTYE. Brochure in-8, fig. 1 fr. 25

VERVEINES. — Culture et multiplication, par CHATÉ. 1 vol. in-32, orné de 2 fig. hors texte. 50 c.

VIGNE. — Culture forcée par le thermosiphon, par le comte DE LAMBERTYE. Brochure in-8, fig. 1 fr. 25

Le Catalogue complet de la Librairie sera envoyé FRANCO sur demande AFFRANCHIE.

Paris. — Imp. E. CAPIOMONT et V. RENAULT, rue des Poitevins, 6.